AI × 人類演化未來報告書

從智人升級為超人類的我們，
如何適應人機共生時代的社會與生活？

초인류 : AI와 함께 인공 진화에 접어든 인류의 미래

金相均（김상균）——著
金學民——譯

高寶書版集團

推薦序
如何打造更完善、更美好的AI時代

　　這本書討論的是人工智慧（AI）在人類演化中的角色和潛在的風險。我的建議和看法如下：

　　1. 負責任的創新：開發和應用 AI 技術時，應遵循負責任的創新原則。這意味著要在設計和部署階段考慮到倫理、隱私和安全問題。

　　2. 透明度與可解釋性：提高 AI 系統的透明度和可解釋性，對於建立公眾信任至關重要。人們應該能夠理解 AI 的決策過程，並在必要時對其進行質疑或上訴。

　　3. 多學科合作：解決 AI 帶來的挑戰需要技術、倫理、法律和社會學等多個領域的專家合作。跨學科的合作可以幫助識別和解決 AI 發展中的潛在問題。

　　4. 持續教育與培訓：隨著 AI 技術的迅速發展，持續教育和培訓對於勞動力保持競爭力至關重要。這包括為受 AI 影響的行業提供重新培訓和技能提升機會。

　　5. 公平性與包容性：確保 AI 系統公平且不歧視任何群體。這需要從數據收集到模型訓練的各個環節，都要考慮到多樣性和包容性。

　　6. 國際合作與監管：鑑於 AI 的全球影響，國際合作對於

制定共同的倫理準則和監管框架非常重要。這有助於確保 AI 的積極影響並減少潛在的負面後果。

　　在談論 AI 的未來時，重要的是要認識到它既有巨大的潛力，也有顯著的挑戰。透過積極的策略和負責任的行動，我們可以引導 AI 技術朝著有益於人類的方向發展。

謝邦昌　教授

天主教輔仁大學　副校長

台灣人工智慧發展學會（TIAI）理事長

前言

主動選擇演化的人類

　　我小時候很喜歡玩積木。比起已經做好的汽車和機器人，我更喜歡組裝一塊一塊的積木，創造新的東西。我小學的時候第一次玩了一種叫「科學箱」的金屬積木，那可是讓我大開眼界。因為這種積木不但能蓋出比用塑膠積木時更堅固的房子，還能利用齒輪和電動馬達，讓組裝出來的東西動起來。當時，我身邊的朋友們都很喜歡這個科學箱。大家常常會帶著自己的科學箱到朋友家裡一起玩積木。有一天，我和朋友們約好了要組裝戰鬥型機器人來進行決鬥。大家把做好的機器人都放到了餐桌上，開始展開對決，遊戲規則是誰把對方的機器人摧毀或推出餐桌誰就是贏家。在一個名為「餐桌」的世界裡，機器人展開了生存競爭。

　　朋友們做的機器人下半身大多都長得像汽車，有四個大輪胎，上半身則像人類，有頭和胳膊。要用科學箱裡的零件做出能走路的機器人並不容易，因此大家都把機器人的下半身做得像汽車，上半身做得像人類。各位可以把它們想像成是希臘神話中的半人馬，只是下半身不是馬，而是汽車。

　　但我做的機器人長得不太一樣。雖然我的機器人下半身長

得跟朋友們的差不多，但上半身長得不太一樣。我沒有替機器人做頭和胳膊，而是把科學箱裡的幾個大輪胎組裝起來，讓機器人能揮動它們。我的機器人在餐桌上的生存競爭中取得了壓倒性的勝利。朋友們都說我犯規，並抗議輪胎是用來讓機器人移動的，不能把它們當成拳頭。我反駁他們，又沒有人規定機器人一定要長得跟人類一樣，而且輪胎也不一定要貼地。我和朋友們最終沒有吵出結論，因為對當時的我們來說，更重要的是決定下次要做什麼。

　　我後來思索了一番，得出了一個結論，那就是「我的機器人是『演化』的產物」。演化，其實是大自然和生物在玩積木。動植物等所有生物體內都有成千上萬個基因。染色體上的基因排列順序會決定生物的外觀和生存方式。生物會在繁殖時，將這些基因組合傳給下一代，在這個過程中又會產生新的基因組合，數萬個基因就此展開積木遊戲。就這樣，我們會重新組裝從父母那繼承的基因來延續生命，並將我們的基因傳給後代來延續物種。

　　在大自然和生物經年累月玩「基因積木遊戲」的過程中，偶爾會有個體具有特別有利於生存和繁衍的特性，像是跑得比掠食者快的動物，或是莖長得比較長而能照到更多陽光的植物。這些個體活得比其他個體久，因此繁衍了更多後代，而隨著時間推移，這些生物的基因自然而然地在族群中變得比較常見。

　　像這樣，演化是一種緩慢的積木遊戲。大自然會組裝出新的生物，生物則會逐漸適應環境。在大自然中，生存能力較強的基因組合會變得比其他基因組合普遍，反之則會消失。大自然總會測試新的積木作品，並觀察哪個作品運作得更好。

　　讓我們回到我和朋友們在餐桌上展開的機器人對決。輪胎沒有必要總是貼地。我在與朋友們玩科學箱遊戲時，在機器人的上半身上裝了輪胎，好讓我的機器人能在名為餐桌的環境中存活下來，而這麼做確實有利於機器人生存。在大自然中發生的演化是基因反覆被隨機組合後經大自然選擇的過程，但我的機器人是在我的意圖下實現了人為的演化。

　　那麼，當今的人類，也就是三十萬年前誕生於地球的智人現在是否在演化呢？三十萬年前的早期人類和現代人看起來並沒有顯著的差異，所以生物演化看似停了下來。但如果仔細觀察，就會發現大自然和人類還在緩慢地玩積木遊戲。演化是經年累月、持續進行的過程，人類和其他物種一樣，正在一邊適應環境一邊不斷地發生變化。雖然我們很難在短暫的一生中觀察到重要的演化，但有證據能證明人類物種的基因仍然在經歷遺傳變化。

　　新的遺傳變異會在隨機突變的過程中不斷地發生，而這有可能隨著時間推移，使人類族群發生變化。例如，地球上就出現了對某些疾病具有較高抵抗力或對某些環境條件具有較高適應力的人類。除了具有乳糖耐受性而能消化牛奶和乳製品的人

類之外，住在青藏高原或安地斯山脈等地區的部落群體中，還出現了對高海拔環境具有遺傳適應性的人類。

　　人類之所以很難察覺到人類正在演化，是因為人類的生命太過短暫而無法見證演化，而且人類社會和科技正在快速發展，導致人類演化的速度顯得非常緩慢。因此，人類選擇了朝兩個方向實現自發性的演化。**第一，人類正在按照自己的意圖讓人類以外的其他物種和個體演化。第二，人類正在試著進行人工演化，讓人類變成其他物種。**

　　首先，讓我們先來看看有人類意圖介入的其他生物的演化。數千年來，人類在農業、畜牧業、寵物產業等各產業中，有意識地選擇並培育了具有人類想要的性狀的個體。古代文獻中也記載著人類在這方面付諸了努力。例如，大概在西元前300年左右，希臘哲學家兼科學家泰奧弗拉斯托斯在其著作《植物史》中就提及了植物的選擇性配種。

　　人類近幾年甚至在生產基因改造作物。基因改造作物是基因工程和生物技術的產物。為了引入或加強某種性狀，人類改變了植物的基因組成。這些性狀能提高作物的產量、增強對病蟲害的抵抗力，並提高對環境壓力的耐受性。雖然人類種植並食用了更多這類作物，但它們卻也成了地球上數量較多的物種。

　　演化並不具目標導向性和意圖性，它是在隨機組合與大自然的選擇下得出的結果，而物種就是在這種自然發生的過程

中生存並繁衍。人類是自然的一部分，因此我們可以說，有些植物透過與人類玩積木遊戲，演化成了有利於生存和繁衍的物種。也就是說，從基因改造作物的角度來看，它們適度利用了大自然的一部分，成功存活了下來，並增加了自身物種的數量。

接著，我們來看看「人工演化」（Artificial Evolution），了解人類正在如何改變人類。其實，從目前的科學角度來看，「演化」前面加上「人工」一詞並不妥當。因為人類是帶著意圖、利用電子設備和藥物在改造人類的身體和精神。這與自然演化有較大的差異。自然演化，指當生物具有某種有利於適應環境的性狀，而有更多機會生存並繁衍時，就會將這種性狀傳給後代的過程。而推動這個過程的因素為自然環境，包含捕食、資源競爭和氣候。十九世紀中葉，查爾斯‧達爾文和阿爾弗雷德‧羅素‧華萊士首次提出了演化的主要機制，也就是「自然選擇」這個概念。

人類等不了在自然選擇下緩慢地演化。因此，人類開始根據自己的喜好和目標，主導起了自身的演化。與自然選擇這種非指示性的過程相比，人為選擇下的人工演化更直接、更具意圖性。

人工演化期

人類目前在開發的最新科技領域極為龐大，各領域都在以難以企及的速度發展。我並沒有想透過這本書說明最新科技的發展現狀和水準。但為了幫助讀者與我踏上探索人工演化的旅程，我想先簡單介紹幾項技術。我想介紹的技術分成身體和精神這兩個領域，每個領域各包含四項技術。這當然不代表某項技術只能用於某個領域，只是某項技術與該領域有較高的關聯性而已。

- **身體擴展技術：生物技術、奈米科技、物聯網、機器人**
- **精神擴展技術：AI、量子運算、腦機介面、元宇宙**

第一，生物技術和奈米科技能增強人體功能。生物技術涉及生物體的製造和改造，包含開發先進療法、製造基因改造生物。奈米科技是一種從原子或分子層次操控物質，來創造新物質和新設備的技術。奈米科技主要是在極小的層次（特別是在奈米層次）研究並操控物質。奈米等於十億分之一公尺，大約是頭髮直徑的十萬分之一。[1] 這兩種技術都有增強人類身體能力的潛力，能使人體變得更強壯、有更高的適應力。

第二，物聯網（Internet of Things，IoT）和機器人能使人類每天執行的各種工作和活動實現自動化並得到改進，因此

能擴展人體的活動範圍和功能。物聯網指由智慧型裝置、感測器、穿戴式裝置等各種互連的設備收集與交換數據，使人類的生活變得更有效率、更便利的網路。機器人指獨立或根據人類指令執行任務的機器，無論是在製造、醫療等產業現場，還是在家務等日常生活領域，機器人都在提供人類支援。

第三，**AI 和量子運算能擴展人類的心智能力**。AI 能做出具有學習、推論、解決問題能力的機器和演算法，幫助人類做出更好的決策、發現新的見解並實現作業自動化。量子運算利用的是量子力學原理，運算速度比傳統電腦快，因此能解決人們過去認為難以解決的複雜問題。量子電腦的基本單位是一種叫「量子位元」（qubit）的特殊資訊單位，而非傳統電腦的基本單位「位元」（bit）。傳統電腦的位元只能是 0 或是 1，分別表示關閉和開啟。不過量子具有疊加的特性，因此量子位元能同時是 0 和 1。也因為如此，量子電腦能同時處裡多個運算，且在執行某些任務時會比傳統電腦更快完成運算。這兩項技術都能提高處理資訊、相互連結、有效思考的能力。

前面提到的生物技術和奈米科技能從生物學上增強人腦的性能和功能，AI 和量子運算則能外化人類的智慧。也就是說，人類將能利用外部技術擴展智慧，不再受限於體內的大腦。AI 並不是外星人某天突然送給人類的禮物。AI 是一棵吸取人類精神成長的大樹。古今中外分散在不同時空的人類精神滋潤了 AI。它就像電影《阿凡達》裡納美人的樹。人類正在透過這棵

大樹擴展自身的智慧和精神。

　　第四，腦機介面（Brain-Computer Interface，BCI）和元宇宙（Metaverse）為個體的相連與互動開啟了新的大門，因此這兩項技術可以說向外擴展了人類的精神。腦機介面會透過大腦和外部設備之間的直接通訊，讓人類能只靠想像控制電腦、義肢或其他設備。其實，人類已經在開發能只靠意念控制無人機和其他飛行裝置的腦機介面系統了。元宇宙是一個擴展的數位現實，人類會透過虛擬化身見面、合作、參與各種活動。這兩項技術正在打破物理壁壘和距離，以更具沉浸感、更直觀、更容易應用的方式為人類擴展人際關係。

　　簡單地說，我所提到的技術，都是人類為了滿足自己想打破大自然的侷限性（包含身體能力、心智能力、社會關係、與周圍世界互動的方式和行為模式）以開拓新領域的慾望，而使用的工具。

　　許多人擔心人類抱持這種想打破大自然的侷限性的慾望究竟是否妥當。在心理學中，人類會想去做不被允許的事情，這種心理被稱為「抗拒」（Reactance）。1960 年代，心理學家傑克‧布萊姆首次提出了這個概念。「Reactance」一詞本來是物理學術語，指「電抗」，但在心理學中，「抗拒」一詞指越是被禁止就越是想去做的心理。[2] 許多實驗都證實了這個理論。比如說，比起一部看完的電影，小朋友們會覺得沒有看完的電影更有趣；比起一個被人隨意放在桌上的盒子，人們會更想去

窺探被藏在衣櫃裡的盒子裡到底有什麼東西。

大自然的侷限性在促使人類產生抗拒心理。無論是主張自己知道當人類打破大自然的侷限性時會發生什麼事的人，還是不曉得會發生什麼事的人，大家都在試圖打破這個侷限性。人類究竟期待在打破大自然的侷限性後迎來什麼樣的未來呢？

探索內心世界的人

我想先在這裡跟各位談談我自己。就算是同一個現象，人們都會有不同的認知，做出不同的解讀。所以，我想說明一下自己是在何種認知和解讀下，展望當人類打破大自然侷限性時會迎來何種未來。

偶爾會有人以為我是小說家、專職作家、企業家或自由顧問，但我其實已在大學任職了十七年。若回顧我為什麼會在大學執教，那得從我二十多歲成立新創企業時說起。我之所以會開始學習，是為了消除我在經營事業時產生的疑惑，但我後來愛上了鑽研學問，因此最後決定成為教授。

我二十多歲經營事業時，身心俱疲到最後變成了藥罐子。當時讓我感到痛苦的既不是技術，也不是產品，而是人。我會心累是因為我的同事和客戶。當時的我曾埋怨過他們，但我幾年後發現，我會感到痛苦並不是因為他們有問題，而是因為我沒有百分之百理解他們的心理。

　　原來當時的我不斷在消磨自己。在發現這個事實後，我對身邊的同事產生了歉意。為了彌補我的不足之處，我研究起了人類的心理。我在大學畢業後研究了工業工程學、認知科學和教育技術學，這些學科的共同點是以人類心理為中心。

　　我至今還是沒有百分之百了解人類的心理，未來的我也不可能做到這一點。但在探索過人類的內心世界後，我心中的夢想逐漸膨脹並變得更堅定。雖然人們懷著不同的夢想，但這些夢想肯定有相似之處。我認為，這個相似之處其實就是大家都想讓這個世界變得更美好。我也是懷揣這個夢想的其中一人。

　　如果想讓這個世界變得更美好，人類就必須做出更美好的行為。人類是一種會按照自己心中的地圖走的生物。所以我才會變得更想了解人類的內心世界，想了解人類抱持著什麼樣的心理，這種心理是怎麼形成的，又會如何發生變化。

　　這本書將講述我探索人類內心的人文科學之旅走到了哪裡。我將以科技為中心探討人類。有太多人問我：「AI 無法取代人類的職業有哪些？」這個問題使我內心產生了動搖。我將透過本書一步一步地回答這個問題。

　　這句話其實很有趣，其主語是 AI。也就是說，人類創造的技術「AI」是主詞，人類則是受詞。每當被問到這個問題時，我心裡都會想：「明明是人類創造了技術，技術卻反過來在塑造人類。」

　　我並沒有打算透過這本書具體回答 AI 無法取代人類的哪

些職業。比起回答這個問題，我打算更深入地探討藏在這個問題背後的人類心理。人類正在擔心自己和家人的當下和未來，並感到不安和恐懼。人類正在害怕自己創造的技術，這既讓我難過，也讓我惋惜。

　　我想談談人類迄今為止創造出了哪些技術（包含 AI），為什麼會創造這些技術，這些技術又將對人類未來產生哪些影響。我在這裡所指的人類未來，並不是數十年、數百年後的未來。因為人類其實早就已經迎來了那些未來。這本書想談的是一個探索了人類內心世界的人，透過技術所看到的人類當下和未來。我之所以會寫這本書，是為了與讀者們一起思考人類透過技術實現人工演化，究竟是想打破大自然的哪些侷限性，以及打破這些侷限性後又將迎接什麼樣的未來。

尋找目的之旅

　　媒體及文化評論家馬素・麥克魯漢在其著作《認識媒體》中指出，人類從舊石器時代的食物採集者變成了資訊收集者。為了收集資訊，人們就像祖先們一樣，過著「遊牧民族」的生活。過去，生存即是人類的目標，為了填飽肚子，人類會四處遊走；而現在，人類正為收集資訊和知識而四處奔走。

　　人類之所以會過這種收集資訊和知識的遊牧生活，並不是為了追求更遠大的目標，而是為了尋找被人類追求的目標遮蓋

的目的。在大自然中，物種的首要目標是生存和繁衍後代，其不具任何特別的意義和目的。但人類會想為個人和集體尋找因價值、信念、慾望形成的意義和目的。在只有目標存在的大自然中，人類會去尋求目的。人類會想透過目的來尋找意義，而想尋找意義的慾望會促使人類展開各種與文化、社會體系和哲學有關的探索活動。

　　人類之所以會開啟人工演化時代，是為了把尋找目的的旅程走下去。人類並不是單純想透過人工演化擴展身體、精神、人際關係和行為，而是想更大膽地去探索人類存在的目的。尼采曾說過：「人只要知道自己為什麼而活，就幾乎能忍受所有生活方式。」為了把漫長的旅程繼續走下去，人類必須尋找目的。

　　然而，尋找目的的人工演化之旅也有一些令人擔憂的問題。大腦是負責讓身體動起來的器官。[3] 原野上的花草樹木就算不動也能生存，所以它們沒有大腦，這是花草樹木當前演化成的樣子。但如果原野上的花草樹木有大腦的話，會變得怎麼樣呢？如果花草樹木有大腦、耳朵和嘴巴，還能與人類對話，會變得怎麼樣呢？各位會覺得這種想像如童話般美好，還是覺得聽起來像反烏托邦世界般詭譎呢？如果在人類追求人工演化的過程中出現這種花草樹木，會變得怎麼樣呢？

　　我先簡單說明一下，接下來的內容我之後會仔細探討。演化生物學家理查・道金斯在《擴展表型》（The Extended

Phenotype）中假設，生物體內的基因不僅會影響物理身體，還會影響環境和其他生物體。雖然人類的基因在人類體內，但人工演化已經開始在對地球上除了人體以外的其他物種和環境，產生了比道金斯提出的假設廣泛又深入的影響。人類必須承認人類的行為會造成廣泛的影響，並且應該對此負起責任。

　　人類創造的技術不僅在要求人類演化，還正在要求地球和所有的生物與人類一起演化。無論人類是不是原本就有這種打算，地球上所有生物現在都進入了「共同演化」（Coevolution）階段。進入共同演化階段的人類將迎來什麼樣的未來呢？我們將先探討人類、生命、神將產生什麼變化，接著探討人類的心理、人際關係、行為又會產生什麼變化。人工演化使人類文明迎來了巨大的轉捩點，而各位正站在這個轉捩點，並且還在尋找目的的旅途。我想透過本書與各位分享我所展望的未來。

目錄
Contents

第三部分　關係將產生變化

目錄
Contents

第一部分

存在將產生變化

　　人類在漫長的歷史中，與無數的生物共享地球，同時又篤信「神」這個謎一般的存在。在人類、其他生物和神之間複雜的相互作用下，地球生態系統持續發展至今。

　　綜觀歷史，人類總會假設這個世界上有超自然的力量或神，以此理解周圍的環境。人類活在難以理解且充滿不確定性的世界中，神的概念為人類提供了目的感和道德指引的基礎。無論是正面還是負面動力，神成了促使人類社會形成的動力，並對制度、傳統和文化產生了巨大的影響。

　　活在 21 世紀的人類正面臨著氣候變遷、失去生物多樣性、社會不平等等重大問題。圍繞著人類和地球生態系統的永續性，人類正處於一個重要的轉振點。人類、其他生物和神之間存在著錯綜複雜的關係，人類和地球生態系統的未來，將取決於在這種情況下所發生的變化。未來究竟會是什麼樣子呢？

　　如果想準確預測某件事的結果，相關因素不能有太大的變動。但如果去看人類、其他生物和神的存在，就會發現人類正在快速改變。智人的生物演化看起來似乎已經停止了近三十萬年，但人類正在其積累的知識的沃土上孕育新的技術，並且正在透過這些技術促使人類物種實現人工演化。

　　如果從把人類分成身體和精神的二元論觀點來看，人類正在透過人工演化，將自己的身體和精神打造得與現在截然不同。我在前言中提到的下面八項技術，與身體和精神的擴展有密切的關係。

- 身體擴展技術：生物技術、奈米科技、物聯網、機器人
- 精神擴展技術：AI、量子運算、腦機介面、元宇宙

在第一部分，我會以這八項技術為中心，探討人類、其他生物和神的存在，今後將會朝哪個方向發展，又會變成何種樣貌。至於人類和地球生態系統會隨著這三個因素不斷發展到什麼程度，就交給讀者們去想像了。

第 1 章

人類

每個人都是星星。

只是大家已忘得一乾二淨。

因此沒有任何人願意去相信，

也沒有任何人試著去回憶，

儘管如此，現實仍舊是如此。

——林哲佑，《想去那個島》

　　我們一家人曾在兩個女兒都還小的時候，一起參觀美國的自然史博物館。真人大小的模型重現了原始人的生活。有的原始人成群結隊狩獵，有的原始人聚在洞穴裡分享獵物，館內有各式各樣的模型。看著看著，女兒突然對我說：「還是爸爸帥多了！」我問女兒那是什麼意思，女兒笑著說：「這些人看起來又髒又怪，不過爸爸很帥。」離開博物館時，我買了份巨大的冰淇淋給孩子們，大家都很高興。我和女兒們交談後發現，她們居然以為博物館裡展示的原始人和現代人完全不同。不僅是文化和生活方式，她們甚至認為兩者在生物學上屬於不同的物種。

　　我在前面也有提到，名為智人的現代人自三十萬年前出現於非洲後，基因都沒有出現太大的變化。但我的女兒會產生誤解，是因為人類的生活從以前到現在發生了很大的變化。說不

定十幾年後的人類也會覺得現在的人類與自己是完全不同的物種，因為人類的身體和精神正在透過人工演化，以極快的速度發生變化。讓我們來看看 AI、量子運算、腦機介面、元宇宙、生物技術、奈米科技、物聯網、機器人等人類創造的技術會使人類演化成什麼樣的物種吧。

擴展精神

　　「請各位說明什麼是大象。」我偶爾會在課堂中問這個問題。學生們聽到這個問題時都會很錯愕。大家當然都知道什麼是大象。但大家都不曉得教授為什麼會問這個問題，所以都會猶豫該怎麼回答。這時我會換一個問法：「有一天，有一個外星人偷偷跑來地球進行探索。如果這個外星人問各位什麼是大象，各位會怎麼跟外星人說明呢？」

　　聽我這麼一問，學生們稍微放鬆了。「大象是地球上最大的陸生動物，牠們能自由自在地揮動又長又有力的鼻子。大象是草食動物，主要棲息在東南亞或非洲地區。」先不管答案是否正確，大部分的學生都會這麼回答。請各位也來想想看，如果是自己會如何說明什麼是大象呢？

　　我接著會問學生們下一個問題：「那如果外星人問各位什麼是人類的話，各位會怎麼回答呢？」這次也請各位想想看自己會怎麼回答這個問題。我的學生大多都會回答：「人類是地球上智力最高的生物。在漫長的歲月中，人類透過群體生活積累知識、建立體系並創造了文化。人類的居住地幾乎遍及全球各地。在生物學上，人類屬人猿總科，現代人類通常被歸類為智人。」這種描述基本上沒什麼太大的問題。

學者們在說明什麼是人類時也都會提到這些內容。人類屬於智人，具有高度發展的認知能力和語言能力，並且會以此為基礎創造文化，這是人類與其他動物的不同之處。[1] 許多學者會特別強調人類的特徵在於具有認知功能，就算沒有親眼看到、觸摸、感受某個東西，或無法親自體驗某種情況，人類仍然能在抽象的狀態下想像並解決問題。[2] 也有學者認為人類的特徵在於能利用語言表達自己的想法和感情、進行複雜的溝通並傳遞知識。[3]

人們在描述大象和人類時，會有什麼差異呢？人們在描述大象時，通常會從物理學或生物學等物質的層面出發，描述地球上的哪些物質組成了一種叫大象的生物、大象又會如何活動。但在描述人類時，我們會提到許多精神層面的東西。此外，我們在描述人類時不會只提到現在這個時間點，我們會順便提到過去。簡而言之，人們在描述大象時，會側重於物理和物質層面，在描述人類時，則會比較強調精神層面。

數萬年來，大象和人類的生物演化幾乎都處於停滯的狀態。如果去比較一萬年前的大象和現在的大象，會發現除了人類帶來的環境變化，其生活方式並沒有什麼改變。但人類可就不一樣了。人類正在利用各種技術積累上一代的精神，將其傳承給下一代，並改變後代的生活。就連同一代人的生活也會因為在由生到死的人生旅程中得到精神上的成長而發生巨大變化。對人類來說，精神能從本質上展現出人類物種的優越性。

　　人類從還沒開發出特殊技術的時代開始，就不斷致力於跨越時間軸，積累並傳承精神。「如果透過從祖先那得知的事情，在故人的時間、祖先的時間這個歷史和記憶之間架起橋梁，並站在歷史的延長線上追溯這些記憶，那我們和祖先的關係會從『我』和原本與『我』無關的『你』，變成名為『我們』的關係。」這是法國哲學家保羅・利科對歷史和群體認同之間的關係所做的闡述。[4] 人類一直都在試著以各種形式和方法，來連接人類的過去、當今和未來的精神。

　　保羅・利科提到的「聽人說話的時代」正在透過 AI、元宇宙等技術，拓展成與達利、林布蘭等已故之人「相見的時代」。當今人類創造的各種技術，本質上與保羅・利科提到的「橋梁」相同。讓我們透過幾個例子來看看保羅・利科的橋梁正在以何種形式出現、積累並擴展人類的精神。

　　達利曾在採訪中表示：「一般來說我相信人會死亡，但我絕對不相信達利會死。」另外，達利也說過：「如果你是天才，你就沒有權利去死。因為人類的進步需要你。」2019 年發生了一件讓我想起這兩句話的事情。位於美國佛羅里達州聖彼德斯堡的薩爾瓦多達利博物館，利用深偽技術（Deep Fake）舉辦了一場讓觀眾與達利見面的活動。深偽技術是一種能利用現有的媒體或數據製作出逼真的影像和語音的 AI 技術。我們能利用這項技術製作如幻似真的虛構影片，把片中人物的面部表情和聲音做得幾乎與真人一模一樣。

這個名叫「達利實況」（Dalí Lives）的展覽是由廣告公司GS&P 合力製作的。[5] 達利死於 1989 年。專案團隊先從達利生前拍的影片中提取了 6,000 多幀影格，讓 AI 演算法學習後，把達利的表情放到了身形與達利相似的演員臉上，並讓演員模仿了達利夾雜法語、西班牙語、英語的特殊口音。[6] 只要觀眾靠近大小跟自動販賣機一樣大的螢幕，就能與達利交談。互動影片約為 45 分鐘，由 20 多萬句話組成。最後一個環節特別有趣。達利會邀請觀眾一起拍自拍照，只要觀眾像拍自拍一樣轉身即可。拍好的照片會傳送到觀眾的手機。1989 年達利去世時還未出生的年輕觀眾們能在這個展覽中與達利見面、交流，並認識達利的一生和作品。

對於這種嘗試，許多人提出了道德和法律方面的問題。也許是因為意識到了這一點，達利博物館館長漢克・海恩在介紹這個展覽時，都盡量避免提到道德和法律。「如果觀眾能與一個人產生共鳴，那他將能更直接、更熱情地與這個人的作品產生共鳴。」漢克・海恩以這句話描述了「達利實況」背後的意義。[7] 體驗過這個展覽的觀眾紛紛表示「自己好像真的與達利交談了一樣，享受了相當生動的體驗」、「期待這種模式今後能被用為結合了創新技術的教育工具」。

接下來讓我們來看一個叫「證詞維度」（Dimensions in Testimony）的展覽。這個展覽是美國南加州大學為了將猶太人大屠殺倖存者的記憶傳遞給後代而製作的內容。伊利諾州猶

太大屠殺紀念館及教育中心、紐約猶太遺址博物館、紐奧良國家二戰博物館等全球各地的博物館和文化機構皆參與了這個展覽。觀眾可以透過互動裝置，與過去曾目睹猶太人大屠殺慘狀的人進行對話。[8] 利用 AI 和沉浸式技術，讓觀眾與已故之人交談並引起共鳴這點，與達利博物館的「達利實況」相似。這個展覽利用深偽技術讓歷史事件中的人物出現在觀眾眼前，有效引起了觀眾的情感反應。[9]

　　讓我們來看看藝術領域的另一個例子：「下一個林布蘭」（The Next Rembrandt）。這項專案使用了 AI 與 3D 列印技術。ING 銀行、微軟、台夫特理工大學共同開發了一款模仿林布蘭畫風的肖像畫繪圖系統，這個系統甚至能模仿塗在畫布上的水彩明度和質感。[10]「下一個林布蘭」專案的參與人員在採訪中表示：「我們的目標是製造一台能像林布蘭繪圖的機器。我們將能更好地理解是什麼讓傑作成了傑作。我並不認為我們能取代林布蘭。林布蘭是獨一無二的存在。」[11]

　　每當我介紹「達利實況」、「證詞維度」、「下一個林布蘭」這幾個展覽時，聽眾和學生們都會問我：「老師，你覺得後代讓故人復活並利用故人，從道德上來看有沒有問題呢？」我覺得這個問題本身非常有趣。因為大家用了「復活」這個詞。提問者在看到博物館裡達利的 3D 全像圖後表示，達利透過全像圖「活了過來」。另一方面，「下一個林布蘭」的製作團隊都表明了他們沒有要創造林布蘭的替代品的意思，卻有第三者

認為林布蘭復活了。

所以我會反過來問提問者：「在我回答這個問題之前，我想先問你一個問題。我並沒有要挑你語病或與你爭論的意思。只是你剛剛提問時使用了『復活』這個詞，我覺得很有意思。我們要如何定義或判斷一個人『活著』呢？」從醫學角度來看，答案很明確。我們會根據呼吸、心跳、腦波等生物學功能是否正常運作，來判斷一個人是否活著。但被我問到這個問題時，沒有任何聽眾會從生物學角度回答。也就是說，人們在定義或判斷一個人是否活著時，會考慮到生物學功能是否正常運作以外的其他因素。

讓我們回到本節開頭。我們現在在跟外星人說明什麼是大象和人類。我們在描述人類時使用了「精神軸」。達利、林布蘭、猶太大屠殺的目擊者在生物學上早已死亡並消失，而且不存在於當今這個時間點與現在這個空間裡。但他們能透過人工演化期的技術穿越時空與我們見面。保羅・利科提到的「聽人說話的時代」正在轉變成「與人相見的時代」。人工演化期的技術正在為人類的精神搭建一座新的「橋梁」。

隨著 AI 高度發展，這座「橋梁」的結構和可用性正在迎來新的局面。AI 基礎模型是電腦學習和積累人類至今創造的精神記錄所得到的產物，而且這個學習過程還在進行。基礎模型指主要以非監督式學習或半監督式學習方式學習大量原始數據的 AI 神經網路；也就是說，基礎模型會在電腦學習時，盡量

不讓人類介入分類和標註工作，這種方式有利於電腦學習大規模的數據。輸入大量的文本、圖像和語音，相當於在準備讓電腦自行學習後輸出其他數據。

人類正在透過 AI 基礎，更輕鬆、更深入地接近大量積累的人類精神。隨著 AI 基礎的規模不斷擴大，以及由此衍生出來的服務使用人類語言與人類對話，AI 正在滲透到所有需要人類思維的領域。人類正在透過 AI，與人類積累的精神相連、擴展自己的精神。但在人類透過 AI 擴展精神的過程中，不可避免地存在一些問題。

第一，人類的自我思考能力可能會退化。人類有可能會依賴 AI 服務，組合、整理、分析各種知識和資訊，甚至連判斷都交給 AI 服務，進而導致智力退化。這就跟解數學問題時，如果馬上就去看答案，會很難把數學學好是一樣的道理。但現在的人類卻急著讓 AI 給出答案。

第二，人類的思維可能會單一化。AI 服務通常會利用演算法輸出結果。因此，當有許多人使用同一款 AI 服務時，群體的思維模式可能會因為這個 AI 服務的演算法而偏向某一方或單一化。當越來越多人認為 AI 服務輸出的結果就是自己的想法時，這個問題就會變得越來越嚴重。

尖端技術不僅是連接過去與現在的精神橋梁，它還能將同一個時代的人類連結起來。人類正在透過元宇宙、超高速網路和雲端服務跨越時空，互相分享知識、經驗和哲學。

　　為了增強這個分享過程的臨場感，人類正在開發「遠距臨場感」（Telepresence）技術。遠距臨場感技術會利用各種數位技術，讓不在某處的使用者感覺自己身處那個地方。其通常包含空間臨場感（感覺自己在其他地方）、社會臨場感（遠距感覺到自己像是真的在與其他人進行互動）和情緒臨場感（遠距感受情緒）。[12] Google 已經在部分辦公室使用「Starline」系統好幾年了。這個系統能讓身處異地的員工感覺自己就像是坐在彼此對面進行對話。對方會以 3D 形式出現在桌子對面，使用者能一邊交談，一邊與對方進行眼神交流。元宇宙、超高速網路、雲端服務、AI 和遠距臨場感都是人工演化期的精神橋梁。

　　人類之所以能架起新的精神橋梁，是因為能容納我們的容器正在去物質化、去實體化。如果各位懷疑人類是否能做到這一點，我們可以來看一個物體被去物質化、去實體化的簡單例子。1980 年，導演史丹利・庫柏力克在拍攝電影《鬼店》時，為了拍攝大量鮮血從電梯湧出的場面，使用了 300 多加侖的顏料，並花了九天清理。但現在，只要我們有內建流體力學公式的電腦繪圖系統，不需要用到任何一滴水就能輕鬆實現海嘯的波浪。

　　用來容納資訊和知識的物質數量和價格正在不斷地下降。如果將一捆莎草紙（人類歷史上最古老的紙）換算成現代的價值，至少可以購買一個 USB。但一捆莎草紙和一個 USB 能容納的資訊量是無法相比的。很少有人知道數百年前自己的祖先

長怎樣。如果知道，通常代表這個人的祖先位高權重或富甲一方，因為其有能力留下珍貴的肖像畫。但現在，只要我們提取智慧型手機裡的影片、語音、照片和文本，讓 AI 學習，就能讓某個人在我們的眼前「復活」，甚至能「與對方相見」。像這樣，數位正在幫助人類提煉出實體的本質，並將其作成沒有物理特性的狀態。

　　人類在進入人工演化期後，會透過精神擴展實現什麼呢？我從兩個角度整理了一下。

　　第一，人類將能連結人類的精神。法國哲學家笛卡兒透過「我思故我在」這個命題主張了自我存在。笛卡兒主張，就算人類的所有感官知覺和經驗都是騙局或幻想，只要人類能懷疑自己的存在、思考並提問，就代表人類存在。笛卡兒強調的是自我思考的重要性。[13] 因為這一點，一直以來都有人抨擊笛卡兒會讓人忘記與他人溝通和群體的重要性。若按照笛卡兒的主張，生命結束等同於這個世界本身迎來了終結。從生物學角度來看，這種說法相當合理。

　　但個人的知識、見解、哲學等精神和記憶會透過精神橋梁互相連接並集體化。即便我們死亡、軀體消失，我們只不過是身體回歸大自然，精神會穿越時空被傳播開來，並在集體精神中留下痕跡。人工演化期的各種技術會使這一切變得更高效且得到擴展。

　　第二，人類將會演化。就算沒有擴展身體（身體的擴展會

在下一個小節仔細說明），人類也正在透過精神橋梁演化成新的物種。人類正處於將自身的內在價值和自我轉化成非物質的過程。因此，人類正在「心理」、與心理相連的「人際關係」、人際關係驅動的「行為」這三個因素環環相扣的情況下演化。

簡而言之，我們能透過大象和人類的問題了解人類把自己視為精神上的存在。此外，人類透過保羅・利科所說的橋梁，連接了世代之間的精神。這座橋梁現在正基於人工演化期的技術，迎來新的局面。人類將透過用技術架起的精神橋梁，將人類群體的精神連接起來，然後擴展個人的精神，演化成心理、人際關係和行為皆煥然一新的「擴展型人類」。我將在下一個小節探討身體的擴展將如何進一步促使人類的精神擴展。

擴展肉體

如果人類打破身體的局限性，能活到幾歲呢？

2021 年《自然 - 通訊》發表的一項研究指出，人類的壽命最長可達 120 ～ 150 歲。這個數字可能會讓人感到有點失望，不過根據「世界數據」（WorldData.info）公布的資料顯示，2020 年全球人口平均壽命為男性 69.8 歲，女性 74.9 歲，相比之下，120 ～ 150 歲仍是相當有希望的數字。當然，「世界數據」發表的是全球平均值，因此國家之間會有較大的差異。

另一方面，Google 的子公司 Calico 宣布，他們在一項裸鼴鼠的研究中發現了人類將有可能大幅延長人類的壽命。裸鼴鼠是一種生活在地底的動物。一般來說，齧齒動物的壽命最多只有四年多，但裸鼴鼠能活三十多年。如果換算成人類的年齡，大約是 800 歲。此外，裸鼴鼠具有不會感覺到疼痛、不會得到癌症的特性。也就是說，如果能將這個機制應用在人類身上，人類的壽命就能延長到近 500 歲。[14] 未來學家、發明家雷・庫茲威爾指出，人類的基因組結構就像一套老舊的軟體，因此只要在工程學方面持續更新，人類就能在不久後的未來每年延長一年的壽命、最終實現永生。[15]

那麼，我想談談能永遠保持肉體更加現實的方法，也就是

器官移植。當前心臟移植的成功率為 70 ～ 80%，肝臟移植的成功率為 80 ～ 90%。腎臟、肺臟、胰臟等幾乎所有器官都能移植。[16] 雖然還有一些器官（如大腦、脊髓、生殖器）難以移植，但人們正不斷地在進行器官移植方面的研究。1990 年，全球器官移植數量約為 3 萬例，2019 年增加到了 15.1 萬多例。因此，透過器官移植維持肉體，在一定程度上是可行的。

　　此外，人類可以透過應用了機器人的人體增強技術，來強化身體或延緩老化。人類將能把機器人裝在四肢上，做到原本在人類生物學上肌肉無法做到的事情，並將其當成感應裝置或改善感應裝置，從而打破感覺功能先天的侷限性。以後一名勞工將能做十人份的體力勞動，九十歲的老人將能像二十幾歲的年輕人奔跑。

　　現在，讓我來問各位幾個與剛剛提到的器官移植、人體增強技術有關的問題。第一，如果我們把所有身體器官（包含心臟、肝臟、腎臟、肺臟、胰臟）都移植成了別人的器官或是在實驗室裡培養的器官，那這時的我們還能算是我們嗎？第二，雖然這個技術現在還不可行，但假設某天，我們因為癌細胞擴散到了全身，而將大腦移植到了一名腦死患者捐贈的身體上，那這個人還能算是我們嗎？

　　上面這兩個問題雖然情況不太一樣，但有一個共同點。那就是不論是把別人的器官移植到我們身上，還是把我們的腦移植到別人身上，我們都仍然有軀體。那我再問各位幾個問題。

假設我們不是把大腦移植到別人捐給我們的身體上，而是移植到在工廠製造的人型機器上，就跟電影《機器戰警》中的主角一樣。那這個存在還能算是我們嗎？為了讓各位能對自己的回答更有信心，我來給各位一些線索。如果我們這次將大腦移植到了一台機器上，雖然機器內部都是電路和金屬製的機器零件，但它的外觀是顏值非常高的人類，人造皮膚、眼球、頭髮就跟真人一樣，那這時的我們還能算是我們嗎？

再來，假設我們這次把大腦移植到了一台帶有翅膀的章魚型機器上，我們能陸海空自由地移動。那這個帶有翅膀的章魚型機器還能算是我們嗎？我想，如果是《機器戰警》裡的樣子，應該還有人能接受，但如果是帶有翅膀的章魚型機器，絕大部分的人應該都會覺得很難接受。這是因為當某個東西雖然帶有人類的精神，但如果其外觀不再具備某些物理特徵的話，我們會很難將其視為同類，也就是人類。

有一個叫「忒修斯之船」的哲學問題。在神話中，忒修斯國王乘船進行了一趟漫長的航行。隨著時間流逝，忒修斯逐漸替換了船上的零件。最後，這艘船上的所有零件全都被換成了新的零件。那這艘船還能算是離開港口時的那艘船嗎？這個哲學問題對物體的連續性提出了疑問。[17] 這個問題並沒有正解。有人認為，同一性（Identity）以物質和形態的連續性為基礎，因此既然都換掉了所有零件，那這兩艘船就不是同一個物體。但也有人主張，同一性取決於抽象的內在價值，而非物質因素，

因此應該要視這兩艘船為同一艘船。

　　請各位在讀過「忒修斯之船」這個問題後，再重新想想關於《機器戰警》和帶有翅膀的章魚型機器的問題。這個問題一樣沒有正解。但我認為，人類不會朝非人類的形態演化，所以各位應該只能接受到《機器戰警》中的模樣。也就是說，精神是可以移植的，所以我們先撇開精神移植不談。無論我們再怎麼替換身體，我們的外觀都得維持人類的形態，這樣我們才會認為自己的實體存在於這個世界。

　　為什麼人類會執著於維持人類的形態呢？我小時候放學回到家，都會打開電視等待動畫節目播出。這些動畫情節基本上都差不多。每次都會有一群很強的壞人，為了毀滅地球而製作巨大的機器人並攻擊地球。幾名科學家和特攻隊員會在歷經千辛萬苦後終於擊退壞人，而壞人總會在離開的時候揚言自己會回來報仇。

　　我每次看這種動畫時都會感到疑惑。為什麼壞人要把用來攻擊地球的機器人做成人型，為什麼地球人也總是把用來對抗壞人的機器人做成人型呢？明明不做機器人的臉，在臉的位置上多裝幾個飛彈發射器，或乾脆把機器人做成坦克車上裝有巨大翅膀的樣子，戰鬥時就會更有效率。但在和朋友們玩積木遊戲後，我的疑惑得到了一些解答。當我和朋友們聚在一起做反派機器人和正派機器人玩耍時，大部分的機器人都會做成人類的樣子。雖然我們偶爾會把機器人做成坦克車、飛機或第一

次看到的樣子，但那些看起來很陌生的機器人總會一開始就輸給壞人。每次打到最後的都是人型的反派機器人和人型的正派機器人。人類似乎擁有自認是地球上最優越的存在的傾向，因此在腦海深處會有「守護人類的正派機器人外觀必須像人類，攻擊人類的反派機器人也必須長得像人類，才有資格與人類對打」的想法。

人類的身體擴展有時候會穿越空間。我們已經可以遠端操控機器人來搬運物品，也可以操控無人機從空中俯瞰世界。隨著機器人、物聯網、元宇宙和腦機介面技術發展，我們今後將會變得像科幻電影《獵殺代理人》裡的主角一樣。在電影中，人類會在不久後的將來讓代理自己的機器人出門活動，自己則是安全地待在家裡。雖然這部電影反烏托邦式地描繪了這種情況，但能穿越空間擴展身體意味著人類將有可能擴展自身的行為。我們將在第 10 章中仔細探討能幫助我們展望未來的現況。

如果本節提到的身體擴展技術發展到了極致，人類因此變得永生不死，這對人類來說能算是祝福嗎？有人擔心，人口過剩可能會導致地球爆炸、社會和經濟不平等會近一步加劇。[18]我也有這樣的擔憂，但我最擔心的是，如果人類的身體不會消失，而是會與精神永遠地活下去，那人生會有什麼意義和目的呢？社會心理學家羅伊‧鮑梅斯特表示，人類知道自己必然會死亡，所以會為自己的人生賦予意義，並努力去做符合這個意義的事情。也就是說，羅伊‧鮑梅斯特認為如果人類不知道死

為何物，人生就會毫無意義且漫無目的。[19]

　　也許有人會問：「人生難道一定要有目的嗎？」不過這個小節不會探討那麼深入。但我個人同意哲學家康德的觀點。我們的一生不可能只追求幸福，人類必須要為自己的人生尋找意義和目的。人類的身體就是因為有限所以才會美麗。

　　人類在透過人工演化擴展精神和身體後，會追求什麼價值呢？有許多人會稱智人為「統治地球的物種」。雖然「統治」這個詞讓人覺得很不舒服又不負責任，但就是因為人類為地球生態系統帶來了巨大的影響，才會有人使用「統治」這個詞。實現人工演化的人類追求的價值，今後也將會對地球生態系統產生巨大的影響。

渴望自由

　　讓我們再召喚一下前面那個外星人。假設外星人這次問各位：「人類幸福嗎？人類有沒有隨著時間的推移變得更幸福呢？」許多哲學家主張，幸福是人生中最根本且不需要理由的目的。但人類在人生旅途大部分的過程中並不清楚什麼是幸福，也不確定自己是否幸福。

　　對於「過去的人類與現在的人類誰比較幸福？」這個問題，學者們各持不同的意見。我們很難去定義並判斷什麼是幸福，而且隨著人類群體擴大、群體內的生活差距加大，我們很難以某個群體為基準去衡量人類是否幸福，因此學者們的意見很難達成一致。

　　我傾向於同意「與現代人類的模糊猜測相比，原始社會、狩獵採集社會等早期人類社會應該比較幸福」這個觀點。[20] 在狩獵採集社會中，人類不會長期定居一處，而是會四處遷徙，並以狩獵、釣魚、採集維生，社會成員在社會連結方面具有強烈的團結意識、彼此高度信任並互相合作，且享有充分的自主性。[21]

　　一萬年前左右農業出現後，人類社會從根本上出現了變化。人類開始建造村莊、定居一處，並開始耕種作物、飼養牲

畜，社會體系變得越來越龐大、複雜。在這種變化下，糧食變得更豐富、人口隨之增加。但在這個過程中也發生了前所未有的社會不平等現象、疾病和戰爭。[22]

　　18 世紀後葉工業革命爆發後，變化進一步加速。隨著新機器、新技術發展，人們開始在密集的工廠工作，生產與享受更多商品。但人類社會卻也出現了新型態的汙染、剝削、社會異化等問題。[23] 為了進步，人類不斷地付出了努力，但諷刺的是，人類反而沒有過去那麼幸福。

　　能讓人生變得幸福的因素通常包含能決定自己人生的自由、人生的意義和目的、和其他人的密切交流與關係、身體和精神健康、與大自然連結的經驗。攝取健康的飲食以及住在舒適的地方，屬於身體和精神健康。[24] 在這些因素中，自由是支撐其他四個因素的核心因素。唯有透過自由維持完好的自我，人生的意義和目的、與他人的關係、身體及生活環境才會百分之百發揮能讓人變得幸福的作用。

　　那現代人自由嗎？讓我們來看看現代人是否自由。8、14、17、（　）、（　）中，第一個括弧裡的數字應該是什麼？我偶爾會問聽眾這個問題，而我心中的答案是 20。雖然這個數字會因國家而異，但在韓國，這一串數字分別是小學、國中、高中、大學的入學年齡。那第二個括弧裡的數字是什麼呢？其實，我一開始只有問第一個括弧裡的數字，但我有一次去某所大學演講時，有一名大學教授聽眾說這串數字後面應該還有一

個數字，是 65，正是大學教授的退休年齡。

　　2021 年，經濟合作暨發展組織（OECD）成員國中勞動時間最長的國家為墨西哥，其平均工作時間為 2,128 小時。也就是說，就算是週末和假日，墨西哥人醒著的時間中 40％都花在勞動上。韓國的平均工作時間則為 1,915 小時。2022 年國際金融協會發表的一份報告顯示，2022 年第一季度韓國的家庭債務占國內生產毛額的百分比為 104.3％，在 36 個受調查國家中占比最高。隨著經濟規模擴大、消費活動增加，韓國人的債務增加，而為了償還債務，人們增加了工作量。

　　大部分國家的人都認為自己能決定自己的生活。當然，這有可能根據各國的政治意識型態和社會體系而有差異。但我們的生活其實有很多部分都受到了在悠久歷史下形成的社會習慣、文化、制度的影響。大部分的社會成員到了某個年齡就會上學、上班、結婚、生子、投入鉅額買房、還款、退休、淡出社會活動。而且到現在都還是有很多人會用不安的眼神看向沒按照這個流程走的人。

　　也許有人會反問：「人類不是近幾十年來都透過本書提到的各種技術，變得更自由了嗎？」其實，隨著數位技術滲透到整個社會，人們的生活都在被系統監視、記錄並分析（相關內容會在第 9 章中〈將被扒光〉小節裡仔細探討）。就拿一個簡單的例子來說吧。當我們開車使用智慧型手機的導航系統時，導航系統告訴我們的路線並不是最快的路線。導航系統的演算

法會推薦多名駕駛人能適當分散交通量、改善整體交通狀況的路線。儘管這出於好意，但導航系統稍有不慎可能就會淪落為數位獨裁者。各種系統正在分析我們日常生活中的所有活動（如健康、移動路線、消費活動、學習活動），並推薦我們各類商品及服務。在這種情況下，我們很難判斷驅動現代人的動因究竟是個人的自由意志還是系統的演算法。

　　現代人類相信自己是自由的，但我反而覺得，我們的人生旅程正在離自由越來越遠。當人類走向人生旅途的終點，也就是在迎接死亡的階段時，人類自由嗎？在現代社會，有相當多人都是在療養院迎接死亡的。療養院通常都會提供基本的醫療服務和衣食住相關服務，因此有不少人認為療養院是一個能讓人安詳地迎接死亡的地方。但如果從其他角度來看，療養院也是一個讓人在受到束縛、不自由的情況下迎接死亡的體系。[25]因為大多數住進療養院的人都是罹患重病、來日不多的患者。

　　療養院裡的所有體系都是為了能有效管理這些患者而進行了最佳化。住進療養院的患者死前只能和療養院的員工及其他患者交流，而且只能在規定的時間用餐、吃藥、睡覺。為了降低風險，患者很少外出。從某種角度來說，這種生活模式就跟被關在監獄裡的囚犯沒什麼區別。在生命的最後一個階段，這些人的自由受到了極大的限制。人類與社會對將死之人會變得極為寬容，但這些人在迎接死亡的過程中，卻非常不自由。

　　排除個人意願、強調群體和共同體的目標與習慣的社會體

系 [26]、資源和機會集中在少數群體的經濟體系 [27]、對資訊可及性的限制、無差別的追蹤和監控 [28] 及療養院，都在使現代人離自由越來越遠。儘管人類誇耀文明正在高度發展、人類正在創造並享受更多價值，但人類在這一生中能享受的自由卻在逐漸減少。

　　即便活在物質豐饒的時代，現代人並沒有過得比採集狩獵時代的人幸福。這個小節只先拋出了人類被剝奪的自由是否會透過人工演化得到恢復、未來的人類是否會變得比現在幸福等問題，而沒有給出答案。這個主題既龐大又複雜，因此我不會在這個小節中只用幾句話帶過。我將透過本書的其他章節，與讀者們一起思索這些問題。

第 2 章

生命

人們當然會厭惡我！但你，我的創造者，你卻如此嫌惡你自己創造出來的生命、你的藝術品，並將我踢開。除非我們之中有一人死亡，否則我們的命運將緊緊連結在一起。但你居然想殺死我。你怎麼能如此玩弄生命？只要你對我負責，我就會對你和其他人負責。如果你答應我的條件，我就會讓你和其他人平安無事；但如果你拒絕我的要求，我就會讓死神張開血盆大口，直到他喝飽你那些親朋好友的鮮血。

——瑪麗·雪萊，《科學怪人》

　　我的兩個女兒小時候常常會一起玩積木。他們會在蓋好房子後，把我們一家人的人偶放進房子裡，然後邀請幾個現實中並不存在的朋友到家裡，並把一隻凶猛的大鱷魚放在與家有距離的地方。有一天，大女兒玩角色扮演玩到一半，讓鱷魚闖入了家裡。鱷魚破門而入後對小女兒說：「只要妳交出一個人，我就只吃那個人，放過其他人！」小女兒的臉色變得非常沉重。她一邊冒冷汗，一邊將虛構的朋友交給了鱷魚。不久之後，鱷魚又闖入了家裡，威脅小女兒再交出一個人。小女兒哭了出來，她一邊把自己交出去，一邊說與其要讓家人和朋友去死，不如犧牲自己。我溫柔地抱住了小女兒，安慰她不要擔心，告訴她爸爸會把邪惡的鱷魚趕出去。

　　大部分的小孩會用比大人更寬容的視角看待生命。就算某個東西在大人眼裡看來沒有生命，小孩子也常常會把它們當作有生命。此外，也有很多小孩會認為其他生物的生命與人類一樣寶貴。生命究竟是什麼？生命是否亙古不變？讓我們來看看人工演化會如何改變人們對生命的看法。

本能會抗拒

　　聯合國糧食及農業組織的資料顯示，2020 年被屠宰的牛、雞、豬、羊共達 731 億隻，為全球人口的 9 ～ 10 倍。為了提高生產效率，人類正在工廠化養殖場生產牛、雞、豬等牲畜。許多報導和文獻在提到飼養牲畜時都會使用「工廠」或「生產」這類的詞彙。各位不覺得把「工廠」或「生產」用在生物身上很奇怪嗎？牲畜的飼養環境不會因為人類使用委婉的表達方式而改變。人類正理所當然地在這樣的環境飼養、屠宰動物，並將其做成食品。人們多少都知道動物也會感受到痛苦，但通常不會認為動物和人類一樣有自我意識。

　　自我意識，指的是把自己視為這個世界上獨立的存在，也就是意識到自己。那什麼是意識？意識，指感知自己和周圍的環境，包含感知並接受周圍環境、對其進行思考、感受情緒等主觀的經驗。當電視劇中昏迷的患者醒來時，周圍的人都會問「你記得我是誰嗎？你知道這裡是哪裡嗎？你知道你自己是誰嗎？」等問題。如果能回答這些問題，就代表這個人有意識。人類在照鏡子時，知道鏡子裡的人是自己，但貓狗並不知道鏡子映出的是自己，有人會因此斷定動物沒有自我意識。伊索寓言中也有類似的情況。這個故事的內容大致上是這樣：有一條

狗正在走過一座橋，嘴裡叼著一塊肉，當狗往橋下一看，牠發現有另一條狗嘴裡叼著一大塊肉。為了把那一大塊肉搶過來，牠對那隻狗大聲咆哮。沒想到牠這麼一叫，口中的肉就這樣掉到水裡了。

那麼，動物真的沒有自我意識嗎？關於動物是否有自我意識，除了能從自然科學觀點出發外，還能從哲學觀點進行研究，不過在自然科學領域已經進行了不少實驗。1970 年，心理學家戈登・蓋洛普在《科學》雜誌上發表了一篇關於黑猩猩實驗的論文。他在其進行的「鏡子測試」中，給了黑猩猩一面大鏡子，然後觀察了黑猩猩的反應。黑猩猩會像人類一樣看著鏡子剔牙、拿鏡子照自己的屁股。戈登還將黑猩猩麻醉後，在牠的一隻眼睛上方塗了一個紅點。結果，黑猩猩一邊在鏡子前面看著被塗上紅點的眉毛，一邊試著用手指將其抹去。也就是說，黑猩猩意識到了鏡子裡的黑猩猩是自己。[29] 在那之後，海豚、喜鵲等其他動物也被證實具有自我意識，也有一些魚通過了鏡子測試。我們當然很難只靠鏡子測試就斷定一個動物是否有完整的自我意識，但我們應該反思我們輕易就斷定「動物不像人類一樣有意識和自我意識，所以我們可以隨意對待」的想法。

那機器，即 AI 系統和機器人是否有意識，或者有沒有可能產生意識呢？雖然目前有許多科學家正在研究該如何測試機器是否具有意識，但人們還未對此達成共識。目前大部分的人都認為機器沒有意識。也有許多人認為，只要人類今後能繼續

控制機器，就應該阻止機器設備擁有意識。人類想要的是不具意識的機器，也就是工具。AI 就是一個例子。因此，人類今後也會拒絕 AI 產生意識。

大部分的人都會認為「也許有的動物有意識，但其水準不及人類，機器設備則沒有意識。所以人類沒有必要視動物和機器設備為等同於人類的存在」，但如果科學技術的力量讓人類發現了動物也有高度的意識，只是種類與人類不同而已，或讓機器設備也擁有了意識，那人類就得認真討論該怎麼與它們共存了。

先不提是否有意識，人類高度傾向於排斥不是人類的東西看起來太像人類。近幾年類人角色的外觀被做得越來越像人類。我們稱這種類人角色為「虛擬人」（Virtual Human）或「數位人」。媒體通常會在「利用數位技術創造的類人角色」時使用這些詞彙。虛擬人是虛構的角色而不是真人，開發商會在精心設計虛擬人的外表、聲音、行為、個性和偏好後，將其用於商業用途。大部分的虛擬人都開發成了歌手、演員和廣告模特兒，最近則有越來越多企業將其用作宣傳大使和內部講師。但每當有新聞網站刊登虛擬人的報導，就會有不少人留言，表示這種嘗試令人作嘔。人類會在看到有人試圖把不是人類的東西做成人類的樣子並待其如人類時感到作嘔。

會感到作嘔的原因有兩個。第一，是恐怖谷理論（Uncanny Valley）。恐怖谷理論指當人們仔細去看一個外形酷似真人的

機器人或虛擬人時會覺得它很不自然，而感到不舒服或不安。當人們看到酷似真人的人體模型或人體蠟像時，會覺得心裡毛毛的，或總覺得哪裡怪怪的，也是恐怖谷理論在作祟。這是因為明明某個東西看起來幾乎跟真人一樣，但它並不是真人，導致大腦陷入混亂而不曉得該怎麼反應。[30]

當我們去看動物角色時，也有可能會出現類似的現象。例如，當我們看到米老鼠等動畫人物時，我們會感到很自在，因為我們很確定它不是真的老鼠。但各位想像一下眼前有一個老鼠機器人。它長得跟真的老鼠一樣，但大家都很清楚它不是真的老鼠而是機器人。不過，如果這個酷似老鼠的機器人動起來的話，各位肯定會覺得很驚悚。

第二，我們可以回顧人類生存史，從演化心理學角度解釋這種現象。也許人類看到長得像人類但其實並不是人類的東西時的心情，就和智人看到尼安德塔人時一樣。雖然尼安德塔人並沒有為了生存直接與現代人類開戰，但他們確實曾與現代人類在同一時期競爭過。因此，有人認為人類在看到機器人或虛擬人時，可能會像智人看到尼安德塔人一樣感到不安。也就是說，智人內心深處有著本能的不安情緒。

人類的大腦會在人類遇到威脅時，引發戰鬥或逃跑反應，讓人類對抗威脅或逃跑。這是為了確保自己的安全並存活下來。如果把這種現象套用在現代社會的話，我們也許可以說，雖然虛擬人不會對我們的生命造成威脅，但當人類看到虛擬人

時，可能會覺得虛擬人將與我們爭奪社會地位和工作機會。

　　人類會害怕陌生的東西踏入我們的界限裡。人類認為動物在人類的界限之外，對待動物時就如同統治者對待被統治者。雖然這個界限隨著寵物的概念出現而變得較為模糊，但我認為人類害怕脫離統治與被統治的框架。

　　此外，人類害怕機器設備不再只是單純的工具，害怕其踏入生命的界限，特別是人類的界限。人類會想維護人類群體的界限，當其他東西踏入這個界限時，人類就會感受到強烈的不安。但是此刻，一個有「智慧」、可能會越界的東西正在朝我們走來，我們應該要探討該如何與其共存。

智力實為假象

　　人類在看到 AI 顯著發展時會同時感到敬畏和恐懼。許多人會圍繞下面三個假設展開討論。

1. AI 的智力將無法超越人類。

2. AI 的智力將超越人類，但人類會進行管制，讓其無法取代人類。

3. AI 的智力將超越並取代人類。

　　這三個假設中，哪一個假設最吸引各位呢？這個看似有些模糊的問題，其實背後隱藏著幾個問題。第一，各位希望哪個假設成真呢？第二，哪個假設最有可能成為現實呢？第三，各位認為我們現在所處的狀態最接近哪個假設呢？

　　有不少人在看到超大規模 AI（Hyperscale AI）急劇發展後非常震驚，而不再只是感到驚訝。超大規模 AI 模仿了人腦的結構和運作原理，會自行學習大量數據並推論出答案。與現有的 AI 相比，其會以更接近人腦的方式學習並做出判斷。許多人認為是 OpenAI 這家以 ChatGPT 服務聞名的企業開啟了超大規模 AI 的大門。

　　目前有各式各樣的平台正在問世，如基於超大規模 AI，透過對話整理出各種資訊和知識的平台；只要使用者描述自己想要什麼圖，就會馬上繪製出來的平台；作曲平台……有不少人認為 AI 的智力已經超越了人類，所以第一個假設「AI 的智力將無法超越人類」似乎是錯誤的。

　　我曾讓超大規模 AI 平台 ChatGPT 寫一段電影情節，主題是「一個動物們能用 AI 與人類對話的世界」。AI 在我的要求下所寫的故事內容如下：

　　有了 AI，動物變得能與人類溝通。一名年輕的動物權利活動家「莉莉」發現，某家大企業為了謀取私利而打算濫用這項技術。在明智的老象、調皮的猴子、忠誠的狗等動物伙伴們的幫助下，莉莉決定揭發那家企業的邪惡計畫，並站出來保護依賴新技術與人類溝通的動物。在努力奮鬥、揭發真相的過程中，莉莉和動物伙伴們遇到了各種挑戰與難關，像是被企業的傭兵追殺或應付背叛的同伴。就在看似所有希望破滅之際，莉莉和動物伙伴們發現了一件令人震驚的事情，那就是那家企業的執行長其實是一隻潛入人類世界的動物，原來是牠利用技術在操縱這一切。這個消息讓莉莉和牠的朋友們扭轉了局面，並成功將那家企業繩之以法。企業執行長是動物這個反轉不僅為故事添加了陰謀和謎團，還進一步強調了這部電影的主題「動物的權利和溝通的力量」。總的來說，這部電影不僅是一個關於友

情和勇氣的溫馨故事，它強調了在任何逆境中都要堅守信念。

　　各位覺得如何呢？這個故事的構想和內容都很不錯吧？AI
既然編出了這麼高水準的故事，我們是不是可以認為 AI 的智
力達到了人類的水準呢？如果要回答這個問題，就得先搞清楚
什麼是智力。AI 的「智力」和人類的「智力」指的是什麼呢？
我們在日常生活中通常會根據某項任務的執行結果，來評估一
個人的智力，像是擅長拼複雜的拼圖、學習成績優異、工作績
效卓越……人類會根據這些結果來判斷一個人的智力。在醫學
領域，智力指適應情況、學習、推論、解決問題的能力。心理
學則比較傾向於根據學習能力判斷智力，而且人際溝通能力也
包含在智力的範疇內。

　　如果再探討下去，我們可能會說到天亮。從結論上來看，
許多人主張人類的智力和 AI 的智力差在創造力和情緒智力。
但前面有提到，AI 已經能作曲、繪圖，因此我們可以說 AI 具
有創造力。但有人主張，AI 是利用其之前學習的數據和人類輸
入的演算法來產出結果的，所以我們不能說 AI 具有創造力。
也有人主張，目前只有人類具備感知特定情況或他人的情緒並
做出反應的能力，也就是情緒智力。我之所以會在這裡使用「主
張」這個詞，是因為我認為目前缺乏確切的證據能證明 AI 不
具創造力和情緒智力。

　　我們再去見一下前面那個充滿好奇心的外星人。如果外星

人問：「人類和黑猩猩，誰的智力比較高？」大部分的人應該
都會馬上回答：「當然是人類的智力比較高」。而外星人很有
可能會接著問：「你們是怎麼比較兩個物種的智力的？」

　　外星人的問題其實打從一開始就是一個陷阱。要比較不同
物種的智力並不是一件容易的事。難以比較不同物種的智力有
幾個原因。第一，不同的物種可能會在不同的認知領域演化得
特別顯著，因此我們很難以某個領域為基準進行比較。[31] 舉例
來說，大部分的鳥類對寬敞的空間具有較好的認知能力，靈長
類則有較好的社會認知能力和用手操控物體的能力。因此，我
們很難斷定從整體上來看誰的智力比較高。第二，就算是同一
個物種，有的個體智力比較高，有的個體智力比較低，個體之
間存在著差異，因此我們很難綜合起來判斷哪個物種占優勢。
第三，用同一個標準評估不同物種的智力並不妥當。人類使用
的智力測試是人類進行了最佳化，因此要將其應用在其他動物
身上並不容易。[32]

　　其實，我在這個小節的開頭列的三個假設一開始就有問
題。AI 和人類的智力在本質上是無法比較的。但是人類常常會
讓人類和 AI 在某方面競爭，在這樣的情況下，確實是可以比
較優劣。也就是說，如果是比較學術界定義的智力，我們很難
判斷誰優誰劣，而且還有許多矛盾之處，但我們能根據某項任
務的執行結果（如擅長拼複雜的拼圖、學習成績優異、工作績
效卓越等前面提到的例子），來判斷人類和 AI 誰表現得更好。

　　也許正是這個原因，人類總會興致勃勃地讓 AI 與人類展開對決，試圖分出高下。1997 年，IBM 讓 AI「深藍」（Deep Blue）與人類進行了西洋棋比賽。結果，深藍擊敗了當時的西洋棋世界冠軍加里·卡斯帕洛夫。全世界人在看到這場比賽的結果後都非常震驚，並開始擔心 AI 可能會在某些領域變得比人類聰明。[33] 2011 年，在美國廣播公司的人氣智力競賽節目《危險邊緣》（Jeopardy!）中，IBM 的 AI「華生」（Watson）與智力競賽冠軍肯·詹寧斯和布拉德·魯特爾展開了智力競賽。華生最終奪得冠軍並獲得了 7 萬多美元的獎金。當時媒體在採訪華生的核心開發人員費魯奇博士時，問了這麼一個問題：「華生真的會『思考』（Think）嗎？」對此，費魯奇博士回答：「華生的思考方式與人類不同，但它會思考。」像這樣，如果只是將執行某項任務時的量化結果當作基準，那我們確實是能明確地判斷哪一方獲勝。

　　AI 今後將會被投入到更多類型的任務，並能執行複雜的任務，而不是只執行單一任務。人類害怕的最糟情況是，人類開發出的 AI 無論是在家裡，還是在職場、社會，任何事都做得比人類出色。但就算這種情況發生，我們也很難斷定 AI 比人類優越或聰明。人類在做某件事的時候會考慮到目的，但 AI 只是去執行人類下達的任務而已。我們不能只拿任務的執行結果來評估一個人取得的成果。

　　舉例來說，假設我們以環境保護為主題寫了一篇短文。這

時我們不能說「為了賺錢而替高中生寫的文章」和「為了保護因環境問題受苦的動物所寫的文章」具有相同的價值。人類的任務執行結果會與目的一起展現出價值。AI 是人類為了達到某個目的而使用的工具，因此比較 AI 和人類誰更有優勢並沒有太大的意義。我們不會因為計算機比人類會解四則運算，就說計算機比人類聰明、優秀。人類的責任是思考為什麼要進行某種計算、決定計算出來的結果要如何使用在某處，人類的價值取決於這個責任。

簡而言之，我希望人類不要執著於以同樣的標準來比較人類、其他生物和 AI 的智力。我的意思並不是說做這種比較和判斷毫無意義，只不過有比這更重要的事情。我們應該要去思考並決定人類該如何對待其他生物和智慧型機器，以及如何定義彼此之間的關係。也就是說，人類應該去思考並決定當地球上的生物透過人工演化進入共同演化階段時，是否要去改變經過數十萬年形成的智人與其他物種的關係，智人又應該怎麼在未做好準備的情況下與智慧型機器共存。

界限將被打破

　　AI 是人類的新工具，其正在擴大貢獻範圍和規模。AI 不僅能幫助我們早期發現疾病、做出精密的診斷，還能縮短新藥開發時程、降低開發成本，為醫學發展做出貢獻。AI 也能幫助我們進行廢棄物減量和資源再利用，來解決環境問題。此外，AI 能降低教育成本、為更多人提供教育機會，並根據個人特質提供一對一的客製化教育。AI 還能用於創作音樂和影片，讓使用者能快速地以低成本製作更多的內容，為娛樂產業做出貢獻。[34]

　　但就如同上一小節〈智力實為假象〉開頭中的三個假設所提，為什麼人類會在 AI 面前感到不安呢？我認為這裡有幾個原因。

　　第一，人類害怕失去工作機會。就結論來說，AI 反而有助於改善現有的勞動條件、創造新的工作機會。關於這個部分我們會在本書的後半部詳細探討。

　　第二，有道德方面的擔憂。有人擔心，如果人類相信並遵循 AI 的判斷，人類的思維可能會偏向一方，群體之間的衝突可能會加劇。也有人擔心，隨著人類相信並遵循 AI 的判斷，人類的自我決策能力可能會下降。人類其實已經常常處於這種

情況了。[35] 例如，我們有時候會無意識地在串流影片網站連續
觀看好幾個演算法推薦的影片，有時候則會在購物網站衝動購
買演算法推薦的商品。雖然最終決定權在我們身上，但自主性
確實受到了很大的影響。

　　第三，人類會擔心 AI 可能不受人類的控制。科幻電影中
就常常出現這種情況，人類會害怕 AI 強行統治並驅逐人類。

　　我在前面也有提到人類怕機器設備不再只是單純的工具，
怕其踏入生命的界限，特別是人類的界限。讓我們以器官捐
贈和人格捐贈為主題來思考一下人類的界限。大多數國家都
會鼓勵人們捐贈器官。雖然有人認為，文化和宗教壁壘使人們
不願意捐贈器官，但大部分的人都認為將自己的生命分給別人
是一種崇高的犧牲和分享行為。根據西班牙國家器官移植機構
（Organización Nacional de Trasplantes）公布的資料顯示，器官
捐贈率較高的國家為克羅埃西亞、西班牙、比利時，捐贈率較
低的國家為中國、印度、奈及利亞。2020 年，西班牙每百萬
人中有 48.9 名為器官捐贈者，而且數字在逐漸增加。[36] 美國
的器官捐贈率也正在增加。根據器官取得及移植網路（Organ
Procurement and Transplantation Network）的數據顯示，2021 年
美國進行了 39,135 例器官移植，與 2020 年的 39,027 例相比略
有增加。

　　有讀者讀到這裡可能會心想：「原來器官捐贈率的增速沒
有我們想像的快。我要不要也來捐贈器官？」人們在考慮是否

要捐贈器官時，幾乎都不會想到自己的器官可能會被用來延長壞人或罪犯的壽命，所以也不會因此而猶豫。也就是說，很少有人會擔心被捐贈器官的人會健康地活下來為非作歹。那如果我們捐贈的是知識、見解和哲學的話呢？這與前面的〈擴展精神〉小節有關。

美國的新創企業 HereAfter AI 正在提供一項能為已離世之人的親朋好友留下人生故事的服務。HereAfter AI 會在客戶活著的時候記錄並分析客戶的生活日誌和對話，並在客戶去世後，讓客戶的親朋好友與其「對話」。為了記錄客戶的一生，HereAfter AI 會引導客戶回答數百道 27 個領域的問題。此外，HereAfter AI 會利用 3D 相機記錄客戶的臉部和表情，並將其用於深偽技術。還有家叫 LifeNaut 的企業不僅會像 HereAfter AI 把客戶的一生記錄下來，還會記錄客戶的基因資訊。除了打造能透過畫面交談的虛擬化身之外，LifeNaut 還計畫在遙遠的未來，基於基因資訊從生物學上打造虛擬化身。

電影《全面進化》講的就是以類似於 LifeNaut 構思的方式重生後展開的故事。英劇《黑鏡》第二季的〈馬上回來〉也是這種情況。劇中主角發現了一家能讓客戶複製死者的人格後與該人格聊天的公司。起初，主角只有利用這項服務與已故戀人的虛擬化身聊天，但她後來訂製了一個和戀人長得一模一樣的人形機器人，並與他同居。機器人完美複製了已故戀人的個性和習慣，但主角還是漸漸感覺到了機器人終究不是真人而痛苦

不已，最後將機器人囚禁了起來。HereAfter AI、LifeNaut 正在將科幻影劇中的想像搬到現實中。

說到這裡，我想要問各位一個問題。如果 HereAfter AI、LifeNaut 表示他們願意免費提供各位服務，各位會接受他們的提議嗎？一個叫 D.E.A.D.（Digital Employment After Death）的組織就以此為主題進行了問卷調查。該問卷調查是 2020 年初 D.E.A.D. 在美國和日本對 1,030 人進行的調查，受訪者年齡為 15 歲至 60 歲以上，年齡分布較為均勻。當被問到「你是否同意死後透過數位技術復活？」時，受訪者中有 63.2％的人表示反對，36.8％的人表示同意。表示反對的受訪者中，大約有一半的人認為這種行為不合乎道德規範。15.9％的受訪者擔心這會減弱人們對活著這件事的感激之情，15.3％的受訪者則表示他們不想死後還繼續工作。受訪者還擔心復活的虛擬化身會違背他們的意願，被用於暴力或色情用途，或者被政治、宗教人士濫用。

無論是把人類的精神放入超大規模 AI 系統，還是象徵人類的虛擬化身，這兩種行為都類似於捐贈人類的精神。我這麼說可能會像在挑釁，但我心中確實有這種疑問：「明明器官捐贈是崇高又值得鼓勵的行為，為什麼精神捐贈卻會讓人感到不自在又忌諱呢？」撇開複雜的數位技術不提，人類其實早就已經在透過各種媒體「復活」他人的精神了。比如說，韓國的李舜臣將軍，就正在以各種面貌透過電視劇、電影和漫畫出現在

後代人的眼前，光是在電影、電視劇中飾演過李舜臣將軍的演員就有十幾名了。

李舜臣將軍從未同意，但人們會「復活」他的精神，是因為後代子孫需要他的精神。我們可以從這裡推論出「復活」他人的精神和捐贈精神這兩種行為今後勢必會增加。D.E.A.D. 到現在都還在進行前面提到的問卷調查，而表示同意的受訪者的比例正在持續增加。只不過，對人類來說，自己的內在價值、更高的價值在於精神，而不是身體，而且人類會希望自己死後也能維護自己的內在價值。因此，維護內在價值的技術和制度今後應該會得到發展。

我們在前面的〈本能會抗拒〉小節中說明了人類有多抗拒其他生物踏入人類群體的界限，並在〈智力實為假象〉小節中解釋了比較不同物種或不同對象的智力、判斷誰比較優越並沒有太大的意義。這個小節則說明了人類會害怕讓機器繼承自己的精神、害怕繼承了人類精神的機器會威脅到人類的立足之地。現在，讓我們來做個整理。生命的界限今後會朝三個方向發生變化。

第一，不管人類再怎麼擔憂，人類最終都會與智慧型機器共存。讓我們來看一下人口規模會出現哪些變化。雖然韓國人口將長期呈現減少的趨勢，但如果從全球層面來看的話，人口暫時會呈現增加的趨勢。不過全球人口增加的速度，也就是人口成長率正在放緩。那全球人口會永無止盡地增加嗎？這個問

題涉及到太多複雜的因素，所以目前還沒有人能給出明確的答案。但聯合國人口司（UN Population Division）發表的報告指出，2050 年全球人口將增加到 80 億至 100 億。許多人預測，全球人口將在 2100 年前達到顛峰。[37] 而在那之後，人口有 80 ～ 90% 的機率會減少。

那到了 2030 年和 2050 年，人類身邊會有多少 AI、機器人和機器設備呢？我們不能因為一台智慧型機器能做好幾人份的事情，就說一台智慧型機器等同於幾個人類。那我換一個問法好了。未來的人類會在一天內遇到多少台智慧型機器呢？對於這個問題，我們一樣很難確切地說會遇到幾台智慧型機器，但人類在一天內溝通的對象中，智慧型機器所占的比例肯定會持續增加。自網路開始普及以來，人類在日常生活中溝通的對象就已經常常是機器，而不是人類了。我們會跟購物 App 進行交易、購買商品，而不是找商店老闆。我們訂餐時不會打電話到店裡，而是會去按被列表化、符號化的按鈕。包含證券業和銀行業在內的金融業則在縮減全球各國的實體分行和客服人員，改使用軟體。無論這種情況是對是錯、使用者是否喜歡，人類與人類創造的智慧型機器溝通的時間所占的比例都會增加。我們很難去逆轉這種趨勢。

我在前一個小節中也有提到，我們無法直接比較 AI 與人類的智力，但擁有智力的科技產物已經開始在以各種不同的形式與人類共存了，而且共存的領域也正在變得更深更廣。為了

與人類創造的產物共存，我們必須冷靜且不斷地在道德、哲學、法律等領域做好各種準備。例如，只要是在社會共存並從事生產的主體都必須繳稅，因此今後與人類共存的智慧型機器也必須繳稅。詳細的內容我們會在第 12 章中探討。在這個小節，我只希望各位能記住一點：其他存在已踏入了人類的界限，因此我們必須盡快改變現有的制度和思維模式。

第二，**人類對待其他生物的態度會發生巨大的變化。**人類應該不會完全打破人類群體的界限去接納其他動物，但人類將不會再把地球生態系統中的個體劃分成統治者與被統治者。

如果人類的精神在經過人工演化後得到擴展，人類會變得更了解動物的想法和情緒，並能與動物產生共鳴。在此過程中，人類會重新定義人類與其他物種的關係並做出各種改變。例如，工廠化養殖環境會產生巨大的變化。相關內容我們也會在第 12 章中仔細探討。

第三，**要拋棄種族幻象。**如同我在前面所提，人類有築起名為人類界限的高牆，並區分牆裡牆外存在的傾向。人類會站在人類的立場，以人類為中心解讀這個世界和大自然。人類會提倡保護大自然和環境，並認為這些主張有價值、很美好，但這種提倡保護大自然和環境的思維中，有時候存在著以人類為中心、人類主宰的意識。

人類會提倡要為了後代子孫保護大自然、為了人類的未來保護環境，但這背後有著「人類是大自然的主宰，人類是所有

自然資源的主人，人類今後也將使用這些資源」的想法。這不禁讓我想起哲學家法蘭西斯·培提出的「種族幻象」（Idols of the Tribe）。因為人類會如上所述，從人類的角度解讀在這個世界發生的所有現象和關係。雖然人類自誕生至今有些微的改變，但基本上都抱持著這樣的思維。而就是這種思維導致了諸多現代人類面臨的自然問題和環境問題。

現在是時候摒棄這種思維了。唯有完全摒棄這種思維，人類才能夢想新的世界，打造一個人類與新的存在和平共存的世界。但老實說，我無法保證在目前的情況下，人類的思維會出現那麼大的轉變，我只能說希望未來會有這樣的變化。

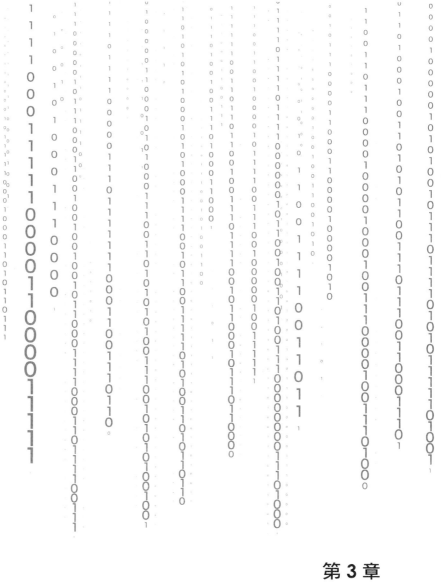

第 3 章

神

通過我，進入痛苦之城；

通過我，進入永世之悽苦；

通過我，進入萬劫不復的人群之中。

正義推動了我那崇高的造物主，

我是神權、神智及神愛的作品。

在我之前創造的一切皆永恆不朽，

而我也將如此。

進來者，放棄一切希望吧。

——但丁・阿利吉耶里，《神曲》

　　人類相信神並仰賴神的行為同時具有正面和負面作用。正面作用包含促進道德行為。宗教教誨通常包含道德規範，因此許多人會出於信仰或對身邊信徒的義務感，而按照這些規範行事。而這有助於慈善捐贈、志願服務等有利社會的行為增加。也就是說，與沒有宗教信仰的人相比，有宗教信仰的人比較有可能參與慈善捐贈活動。[38] 共享相似信念和價值的個人會形成社會網路，並且會在需要幫助的時候，提供情感支援和實質支援。據調查，積極參與宗教活動的老年族群有較強的社會歸屬感、較少得到憂鬱症，生活滿意度也比較高。[39]

　　但宗教信仰也有負面作用。宗教差異不僅在歷史上引發了

許多嚴重的民族衝突，還引發了歧視與偏見。此外，有些宗教信念與科學證據衝突，因而阻礙了科技的發展。

　　走向無限的人類科技是否會踏入神的領域呢？讓我們來看看人工演化會為神的領域帶來哪些影響。

像神一般玩耍

17 世紀，德國科學家兼修道士阿塔納奇歐斯・基爾學發明了將油燈作為光源的幻燈機。[40] 幻燈機裡有油燈，頂部則有排氣筒。幻燈機會利用透鏡聚焦油燈的光源，只要將畫片插入透鏡槽，就能看到影像。基爾學展示的影像是一名男子在地獄之火中受苦的樣子。雖然那些影像在我們眼裡看來根本就是在騙小孩，但當時的人都非常震驚，因為口耳相傳的地獄景象生動地出現在眼前，而不再只是存在於腦海中；由於效果極佳，據說當時宗教界廣泛使用了這種裝置。此外，相傳中世紀的魔術師也利用了凹面鏡和煙霧製造惡靈、煽動大眾。[41] 人類似乎從很久以前開始，就很清楚影像有多大的力量。

高度發展的技術漸漸開始把宗教中的死後世界也放到了人類眼前。各宗教可以將自己信奉的神和死後世界做成有真實感、如物理現實的樣子後，給信徒們看。我們將迎來一個能把基爾學發明的幻燈機裡的地獄做得像是物理現實的時代。與現代科技相比，17 世紀基爾學發明的裝置根本就算不了什麼，但它當時應該發揮了連結神與人類的神聖作用。現在，讓我們來想一想基爾學的「神的遊戲」會透過人工演化發展到什麼程度。

2011 年，美國作家恩斯特・克萊恩出版了科幻小說《一

級玩家》。這部小說的背景是 2044 年，有一個反烏托邦的未來世界，大部分的人類都在一個叫「綠洲」的巨大虛擬實境世界中度過時間。主角叫韋德・瓦茲，是一名在現實世界很貧窮，大部分的時間都在綠洲度過的十幾歲少年。綠洲的創始人詹姆士・哈勒代死後，韋德和數千名玩家為了尋找三把鑰匙、破解藏在遊戲中的彩蛋，而踏上了旅程。誰最先找到彩蛋誰就能繼承哈勒代龐大的遺產和綠洲的經營權。小說中的綠洲是一個非常龐大的世界，而且有非常多人都在綠洲中度過時間，但這部小說卻把「綠洲」這個巨大的空間描述得像是被詹姆士・哈勒代和他的朋友歐格頓・莫洛兩個人打造的一樣。雖然小說中沒有詳細說明，但哈勒代和莫洛應該是基於先進的生成式 AI（Generative AI）技術打造了綠洲。

　　生成式 AI 指的是一種由數位設備自行創造圖像、音樂、故事等內容的技術。簡單地說，它就像是人類從美術老師那裡或透過各種書籍和作品學畫畫一樣。生成式 AI 會在看過大量的範例後，反覆嘗試創造新的東西。假設我們想教電腦怎麼畫一隻貓。這時，我們會先給電腦大量貓的照片、告訴電腦貓都長怎樣，然後讓電腦自己學習該如何畫一隻貓。給電腦越多範例，電腦就會畫得越好。一旦電腦充分學會如何畫貓，它就能畫出一隻自己從未看過的貓。這裡的重點是「從未看過的貓」。

　　生成式 AI 的應用領域中，最有趣的是藝術創作領域。例如，生成式 AI 可以用來生成與某個藝術家或某個類型（Genre）

風格類似的音樂或藝術作品。它算是一種能幫助藝術家和設計師快速想出新點子或做出新原型的強大工具。

實際上，真的有企業引入了《一級玩家》中的哈勒代和莫洛所使用的生成式 AI。2022 年春天，Roblox 公司宣布將更大力在服務中引入 AI 技術。Roblox 公司開發的《機器磚塊》是一個能讓玩家親自打造數位空間的線上平台，玩家還能體驗其他玩家打造的數位空間。在《機器磚塊》裡，玩家可以使用程式語言「Lua」打造數位空間和物體。據說，2006 年發布的《機器磚塊》的活躍使用者數接近 3 億人，而截至 2022 年底，日活躍使用者數達到了 4,300 多萬名，玩家打造的數位空間則超過了 4,000 萬個；此外，67％的玩家年齡在 16 歲以下。

2022 年春天，Roblox 宣布玩家以後在打造數位空間和物體時，將不用再使用複雜的程式語言，玩家將以對話的方式打造世界。比如說，只要玩家說「我想要到了晚上就會颳風下雨」，生成式 AI 就會理解玩家說的話，並去修改玩家之前打造的數位空間；如果玩家說「幫我做一架像是中世紀時製作的飛機」，生成式 AI 就會把這種飛機上傳到數位空間裡。Roblox以後將會把平台升級成這種模式。

許多宗教都相信「神以話語創造了世界」。《聖經》的〈創世記〉中就提到了這點。〈創世記〉第一章第三節中寫著「神說：『要有光』，就有了光」，這個概念被稱為「神的話語」或「邏各斯」（Logos）。「邏各斯」指讓這個世界得以存在的強大創

造力。我並不是想主張 Roblox 未來會提供的生成式 AI 和「神的話語」一樣。我只是覺得，玩家可以在《機器磚塊》空蕩蕩的巨大空間使用人類的語言創造世界，而無須再使用電腦的語言編碼這點非常有趣。

在空蕩蕩的數位空間裡，人類的精神將能透過人類的語言創造出新的世界。讓我們來比較一下這種情況和生物的基因。演化生物學家理查‧道金斯在出版《自私的基因》而引起不少激烈爭論後，出版了《擴展表型》一書。「表型」指身高、眼睛顏色、毛髮類型等生物的身體特徵。基因和環境會決定生物的外觀和行為模式。舉例來說，假設我們有雙藍色的眼睛，那這就是從父母那遺傳到的基因決定的表型。生物學家會研究表型，來探索基因和環境會如何相互作用而導致各種生物性狀出現。科學家們則會透過研究表型，來解釋基因如何遺傳、性狀會如何隨著時間的推移演化。

擴展表型不僅包含生物的身體特徵，還包含生物的行為對周邊環境產生的影響。例如，鳥築巢、保護地盤的行為可能會影響其後代的生存和繁衍。這種行為會受到鳥類基因的影響，而且有可能會影響基因的生存和繁衍，因此這種行為是鳥類的一種擴展表型。也就是說，這種主張的關鍵在於擴展表型不僅會影響生物的外觀，它還有可能會影響生物的生存環境，其解釋了基因、行為和環境之間的複雜關係。[42]

如果將擴展表型套用在人類身上，那人為的擴展包含人類

為了加強自己的能力或改善環境，而製作與使用的所有外部物體、技術和系統。從擴展表型的影響層面來看，人為的擴展是人類演化的重要因素。例如，刀、矛、弓箭等工具使人類能更有效地狩獵，擴大了獵物範圍，這最終影響了人類的演化。也就是說，如果將擴展表型套用在人類身上的話，人類發明和創造的一切都可以視為人類的擴展。此外，原本受到物理和物質限制的人類的擴展，將透過人工演化迎來新的局面。

玩家可以利用 Roblox 的生成式 AI，以類似於神的方式，輕鬆地在數位世界裡創造和擴展自己的精神。這時的擴展速度極快、規模極大，物理和物質世界根本無法與之相比。無論一個人有再遠大的夢想、有再多的資源，在物理和物質空間創造東西時，速度和規模都會受到限制。沙烏地阿拉伯政府於 2017 年宣布的「新未來城計畫」（Neom Project）就是一個代表性的例子，該計畫的目標是在沙烏地阿拉伯西北部建設一座以再生能源驅動的新都市，並讓該都市發展為技術、創新、觀光樞紐。這座新都市的面積高達 26,500 平方公里，約為紐約市的 33 倍，人口預計會達到 100 萬左右。但這項計畫所需成本高達 5,000 億美元（約新台幣 15.5 兆元），而且沙烏地阿拉伯政府提出的新未來城設計中有太多無法以當前的技術實現，因此許多人認為這項計畫的可行性並不高。但如果是在數位空間裡，就沒什麼不可行的了。我們將能像《一級玩家》中的哈勒代那樣創造出一個神等級的巨大數位世界。

　　夢想玩「神的遊戲」的人類在挑戰的不僅是創造空間，還有創造空間裡的物體。2023 年 4 月，史丹佛大學的研究團隊發表了一個數位小鎮，25 名 AI 虛擬化身會利用 ChatGPT 在小鎮中生活。研究團隊為小鎮裡的 25 名 AI 虛擬化身設定了基本資訊和背景，並記錄了這 25 名虛擬化身會如何在這個設定下自行從事社會活動。例如，如果研究團隊將一名虛擬化身設定成「想舉辦情人節派對」，那這個虛擬化身就會自己在兩天內發出派對邀請、結交新朋友、分享派對日期、調整派對時間讓大家都能參加派對。[43]

　　此外，AI 公司 Fable Studio 目前正在準備一項叫做「The Simulation」的計畫。其目標是利用人們持有的 NFT 來打造出會自行活動的 AI 虛擬化身，並讓這個虛擬化身在數位空間裡生活。在史丹佛大學的 AI 虛擬化身計畫和 Fable Studio 的「The Simulation」計畫中，人類都等同於神。

　　我們該如何看待自行擴展自己、像神一般創造世界的人類呢？我們是否能把創造世界的人類和當前的人類視為同一種生物呢？我們能因為人類創造了世界，就判定人類踏入了神的領域嗎？

拒絕證明

「信仰指即便沒有證據，甚至是有相反的證據，仍盲目相信的行為。」這是理查·道金斯對信仰下的定義。道金斯還表示，信仰會使人無法有邏輯地、科學地看待和理解這個世界，並且會強迫人類滿足於現狀，因此他反對宗教。道金斯從科學、邏輯、理性的角度否定了神的存在。

有的宗教長久以來基於自己信奉的神聖文本，主張地球就像地毯一樣平坦、地球是宇宙的中心，但地理學家貝海姆、天文學家伽利略、探險家麥哲倫紛紛打破了這些幻想。現代科學透過衛星照片和太空探索，觀測了地球和其他行星，將那些錯誤的信念推入了棺材，並在這棺材板上釘上了最後一根釘子。

在這種情況下，如果神在物理上真的存在，那我們就得否定演化論等大部分的現代科學。我們當然不能說現代科學是絕對真理，但我們不可能為了在邏輯上缺乏說服力的宗教文本，就否定並捨棄數萬年來建立的科學。

我會這麼說，並不是為了否定神的存在和宗教。對現代人類來說，神並不需要透過科學邏輯來證明。如果從科學邏輯層面出發，說神不存在會比較合理，但人類依舊相信神。人類雖然基於科學的力量享受物質上的富饒，卻也相信與科學對立的

神。人類同時接受無法並存的神和科學。因此，就算人類因科技不斷發展，而變得更懷疑神的存在，並試著證明神的存在，也沒有任何的意義。

為了向各位說明為什麼想用科學標準來證明神的存在沒有任何意義，我們先來看一下「占卜」這個東西。數世紀以來，全世界各文化圈都有人進行占卜，以各種方式預測一個人的未來。若綜觀從古代到中世紀的歷史，就會發現人類常常會透過占卜來決定戰爭、結婚、農業等重大事情。在中世紀歐洲，塔羅牌占卜特別受到歡迎。

大部分的宗教都認為占卜是向神以外的其他存在尋求知識或指引，因此會禁止信徒占卜。但也有宗教認為占卜是一種與神溝通的方式。巴黎的羅浮宮博物館裡就展示了在古埃及法老圖坦卡門的古墓中發現的遊戲模具「塞尼特」。這是一種在刻有方格的長方形棋盤上移動棋子的遊戲，它的棋具和遊戲規則會讓人聯想到西洋棋。古埃及人相信，人死後會在死後世界冒險，只要通過所有的危險難關，死者就會成為如同神的存在，與太陽神一起乘船在天空旅行。塞尼特蘊含著古埃及人的這種世界觀。

法老在玩這個遊戲時會使用一種叫「Astragali」的骰子，其以動物骨頭雕刻而成。埃及人相信，法老能與神溝通，而骰子是與神溝通的主要方式之一。從現代科學的觀點來看，這其實只是機率結果，但古埃及人卻認為擲骰子擲出的數字具有神

聖的神意。[44] 每當我把這件事告訴年輕的朋友時,大家都會覺得很神奇,並認為古埃及人會有這種不合理的想法,是因為當時的科學水準遠不及現在。

那既然現代科技這麼高度發展,人類是不是就遠離了占卜呢?與過去相比,人們對占卜的依賴度確實是有下降。特別是找占卜師或塔羅師面對面算命的人變得比以前少了。但神奇的是,利用網站或手機 App 進行數位占卜的年輕人比我們想像得多。當人們找占卜師面對面算命時,心裡多少都會相信或希望占卜師擁有某種超自然的力量。但網站和手機 App 利用隨機化演算法執行的數位占卜,本質上與擲骰子相同。雖然進行數位算命的人會說自己只是算好玩的,但這些人其實有那麼一點不科學地相信,也許演算法給出的隨機結果帶有神的旨意。

人類會相信占卜和神,並不是因為它們證明了自身的存在或內在意義,而是因為人類就是想相信。就算尖端技術能更犀利地證明神是否存在,其結果也不太有可能會對人類的信仰造成直接的影響。人類早就已經拒絕證明神是否存在了。因此,我們沒有必要去討論科技是否能證明神的存在。我們該討論的是,透過先進科技實現人工演化的人類是否還會渴望信仰。

超越「超越性」

　　相信神和更高的力量（Higher Power）是一種複雜又具多面向的現象，人類從各種不同的觀點出發，對此進行了研究。相信神或有宗教信仰的具體原因可能因人而異，但人們給出的主要背景如下。

　　第一，因為對自己存在的意義和命運抱持疑問。人類會本能地想要了解自己存在的意義和宇宙最終的命運。此外，人類還有相信生態系統中的一切都有它存在的意義或意圖的認知偏誤。當人類對意義和命運抱持疑惑時，比起科學或哲學，人類有透過相信神或更高的力量來尋求解答的傾向。

　　第二，因為人類害怕人生的不確定性和死亡。即使是在科技飛速發展的現代，人類仍然無法解釋或預測一切，並活在不確定性之中。而在這樣的人生中，唯一能確定的東西就是死亡。但在迎來人生唯一具有確定性的死亡後，等待著人類的卻是最大的不確定性。為了對抗對這種不確定性和死亡的恐懼，人類會依賴神。

　　第三，因為有助於加強團體的團結合作。宗教能加強團體成員的歸屬感。因此，為了維持這份歸屬感，很多社會團體和家庭會在內部傳播宗教信仰和文化。[45]

第四，因為憧憬「超越性」（Transcendence）。讓我們來看一下宗教史學家米爾恰·伊利亞德提出的「宗教人」（Homo Religiosus）的概念。伊利亞德主張，宗教信仰和習俗在人類文化中必不可少，因為它們會讓人類覺得自己與更高的力量相連。伊利亞德提出了「聖（神聖）與俗（日常生活）」的概念，並主張宗教儀式和象徵會填補這兩個領域間的空隙，讓人類與神聖相連、體驗超越感。[46]

我們可以這麼解釋伊利亞德的理論：人類設定了一個超越性的神聖存在——神，並認為人類是生態系統中能透過宗教變成離神最近的存在。換句話說，人類認為自己比生態系統中的其他任何個體都優越，並賦予了自己主宰其他個體的資格。

在這四個背景下，未來將會分出兩條岔路。接受人工演化的人類和拒絕人工演化的人類對待神和宗教的態度，未來會發生巨大的變化。

首先，讓我們來描繪一下拒絕人工演化的人類會迎來的變化。隨著 AI、機器人學、生物技術、奈米科技等領域技術創新的速度加快，今後會出現新的機會，但工作機會將被取代，個人資訊保護、安全、道德、治理等方面的擔憂將會增加。此外，技術革新將會影響能源、運輸、商品和服務的生產及消費方式，導致氣候變遷等其他不確定性增加。在這種情況下，拒絕人工演化的人類會更強烈地感受到不確定性，並在思考人類存在的意義和命運時陷入混亂，而變得更依賴神和宗教。

　　接受人工演化的人類將遠多於拒絕人工演化的人類，因此，拒絕技術演化的少數群體將會想辦法團結起來，並繼續透過宗教，基於人類優越性和權威意識過傳統的生活。

　　而在這個過程中，會出現將人類積累的科技應用於宗教的團體。例如，未來很有可能會出現將智慧型機器或機器人視為神的科技崇拜現象。人類有把不是人類的東西擬人化後賦予其與人類一樣的特徵或動機的傾向。人類還有想尋找並相信凌駕於自己的存在的傾向。因此，有人可能會以為先進的機器全知全能，並視其為如神一般的存在。其實，現在就已經有把 AI 平台 ChatGPT 視為神的組織了。

　　人類還有名為「可得性捷思法」（Availability Heuristic）的認知偏誤，傾向給予印象深刻、容易回想的對象或事物較高的評價。因此，人類可能會因為接觸到先進機器的特殊成就或反烏托邦式敘事，而對機器產生扭曲的認知。

　　此外，人們還將能利用先進技術進行宗教儀式。2020 年，在韓國 MBC 電視台的紀錄片《遇見你》中，製作單位利用了虛擬實境，讓受訪者與逝世的家人見面。這與巫師在陰間與陽間之間發揮靈媒的作用、祭司在神與人類之間發揮連結兩者的使者作用類似。今後，靈媒和祭司將利用科學技術展現出更多樣的面貌。

　　但如上所述，拒絕人工演化的人類群體和將科技應用於宗教的人類群體會相對較少。接受人工演化的大多數人類會迎來

的變化如下。我將以這個小節開頭提到的人類相信神和宗教的四個背景為基礎，為各位進行說明。

第一，人類在解釋自己存在的意義和命運時，會具有主導性。透過人工演化擴展了身體與精神的人類會越來越大膽地利用科學技術來剖析生命和宇宙的奧祕。人類會有邏輯而理性地剖析奧祕，到達深入了解的階段，然後基於所知尋找自己存在的意義，並決定自己的命運，而不是依賴宗教文本來尋求解答。

第二，人類對生命的不確定性和死亡的想法將會改變。在科學技術發展之前，人類無法預測地震和氣候災害。但人類正在逐漸消除這巨大的不確定性。隨著人類利用巨大的機器測量、分析並模擬地球這個生態系統，人類擔心的許多不確定性今後將會被消除。

至於終極的恐懼——死亡，生物技術將使人類壽命產生巨大變化。透過前面提到的精神捐贈和將在第 9 章介紹的「精神上傳」（Mental Uploading），人類的思維將變得與現在截然不同。對不確定性和死亡的恐懼不會完全消失，但人類將會理性地接受其必然存在這個事實，並從技術、哲學層面大膽應對。

第三，形成團體凝聚力的體系將會發生變化。到目前為止，宗教大多都是在文化或地理上具有凝聚力的群體內部傳承的。但人類的人際關係今後將會在家庭、組織、社會等所有方面發生變化（詳細的內容會在第三部分說明）。在這種情況下，如果以填鴨式教育的方式向家裡的兒童、青少年傳教，會很難

有好的效果。

此外，在社會團結模式急劇發生變化、人們不再基於文化或地理位置團結的情況下，要透過宗教維持群體的團結和歸屬感，恐怕會有困難（這部分也會在第三部分仔細探討）。

第四，人類將會打破對超越性的憧憬。透過人工演化實現擴展的人類、到達深入了解階段的人類將不會再假設這世界上有更高的力量或超越性的存在。比起想盡辦法透過宗教，讓自己與自己無法變成的更高的力量或超越性的存在相連，人們會渴望讓自己變成更強大的存在。

人類將不會再假設這個世界上有某種無法解釋的超越性，也不會再抱持「自己與那種存在相連，所以很優越」這種不負責任的威權意識。正如我在〈界限將被打破〉小節中說明的那樣，未來的人類將不會在生態系統成員之間設定界限。得益於這種蛻變，人類和地球生態系統將有機會進入下一個階段。

人類在進入人工演化期後，應該會在解釋存在的意義和命運時具有主導性，大膽應對不確定性和死亡，不會基於被傳承下來的信仰形成團結和歸屬感，會將超越性視為想成為的對象而不是憧憬的對象，而且不會再自以為有優越性。如果人類變成這樣的存在，那神和宗教存在的理由應該就不會像現在這麼強。我認為無論神和宗教是否會繼續存在，人類如果能變成上面提到的那種存在，那這個存在本身就會是一個美好的存在，而且它就是人類想透過神和宗教變成的樣子。

第二部分

內心將產生變化

　　人類的內心世界從古至今激發了藝術家、詩人和哲學家們的想像力，它既神祕又奇特。無論是莎士比亞的作品，還是艾蜜莉·狄金生的詩，人類的內心世界一直以來都是眾多藝術家的靈感來源。

　　內心世界是人類思想、感情和知覺的來源，人類會在內心世界中理解並體驗周圍的世界。[1] 隨著神經科學發展，科學家們發現內心世界的作用，人類進入了認識人類思想和感情背後複雜的神經網路和化學過程的階段。儘管有了這樣的發展，人類的內心世界仍然非常複雜又神祕、美麗又黑暗。

　　我將在這個篇章，把人類的內心世界視為慾望、體驗、情緒這三項要素相連的關係。人類會為了滿足自己的慾望（準確地說也包含「需求」）而思考和判斷，接著創造體驗，最後到達某種情緒狀態。人類的慾望、體驗和情緒緊密相連，它們會以深刻的方式相互塑造、相互影響。而這種會相互影響的關係是決定人生方向的關鍵因素。

　　其中，慾望會在發生這種相互作用的過程中發揮核心作用。慾望會驅使人類行動，也會賦予人類追求目標與夢想的動機。當我們遇到新的情況、與周圍的世界互動時，慾望會發生變化。我們越是了解這個世界，慾望就會進一步得到精煉而變得更加成熟。

　　慾望和體驗之間會產生複雜又多層次的相互作用。人類的慾望會受到體驗的影響，使我們對人生產生期望和信念。而當

我們追求符合自己期望的新體驗和新機會時，慾望有時會創造
體驗。

　　在這種相互作用中，情緒也扮演著重要的角色。情緒與人
類的慾望和體驗緊密相連，它會引起人類對周圍世界的反應。
情緒會提高或降低人類的慾望，並且會影響人類的選擇和人生
道路。人類的情緒有時會與慾望衝突，因此可能會造成難以調
和的內在衝突。[2] 例如，我們可能會渴望在職業生涯中大獲成
功，但因為不安或自我懷疑，而無法有自信地追求目標。又例
如，我們可能會被某種生活風格或關係吸引，但因為害怕或有
罪惡感，而無法完全接受它。在關係如此錯綜複雜的這三項因
素中，讓我們先來探討人類的慾望。

第 4 章

慾望

　　男子問她為什麼選擇普通列車。她回答她是為了讀完手中的書。她說,這個世界上沒有比火車適合閱讀的地方,唯有火車能讓她像這樣向新的事物敞開心房,所以她成了普通列車的專家。

——帕斯卡・梅西耶,《里斯本夜車》

　　我每年在大學授課時,都會與學生們玩一種叫「Mayfly」的遊戲。這是一種讓學生們花幾個小時體驗 20 多歲到 70 多歲人生的遊戲。這是我為了讓學生們事先一覽自己的人生和慾望而製作的遊戲。

　　遊戲規則大致如下。Mayfly 由慾望卡和生命卡這兩種卡片組成。每張慾望卡上都寫著一個與人類慾望有關的關鍵詞,如金錢、健康、美貌。生命卡代表每個人的壽命。一開始,所有玩家的預期壽命都是 85 歲,但每增加或減少一張生命卡,壽命就會增減 5 年。

　　首先,我會讓學生們一人抽七張慾望卡,並給每個人三張生命卡。接著,學生們可以自由交換慾望卡和生命卡,交換卡片的條件隨大家決定。遊戲的最終目標是盡可能收集到自己想要的慾望卡。學生們會一邊在教室裡走動,一邊給對方看自己的慾望卡,如果達成協議就可以交換卡片。交易時可以使用生

命卡。例如，我們可以拿一張生命卡跟別人換一張上面寫著「現金 10 億韓元（約新台幣 2,400 萬元）」的慾望卡。我們也可以拿一張生命卡和一張上面寫著「健康」的慾望卡，跟別人換一張上面寫著「美貌」的慾望卡。因為慾望的價值是相對的，而且我們無法為慾望標價。在交換卡片的過程中，大家自然而然地會聊到：「為什麼要拿那個慾望換這個慾望？」

　　遊戲結束之際，大家追求的人生會慢慢浮出水面。有學生會拿 5 年的壽命換 10 億韓元，有學生為了美貌，放棄了金錢和壽命。有學生把三張生命卡都換成了慾望卡，也就是放棄 15 年的壽命。遊戲結束時，這個學生只有 70 年的壽命。有學生換得了兩張生命卡，遊戲結束時手中一共有五張生命卡，壽命增加了 10 年。這個學生的壽命最後變成了 95 歲。我會讓學生們交換完卡片後，對自己手中的慾望和壽命進行思考，並讓大家寫下自己的墓誌銘。這個遊戲會讓學生們領悟到「人生即由自己這一生所追求的慾望構成」。

　　人類的慾望有時候會透過這個世界顯得偉大，有時候則會讓這個世界走向毀滅。慾望是一張會反映出一個人的藍圖。那當前的人類在描繪什麼樣的藍圖呢？進入人工演化期的人類今後會發展出哪些新的慾望呢？讓我們來看看人類的慾望將會產生什麼變化。

慾望已演化

　　人類想要得到某個東西或實現某個目標,是屬於需求還是屬於慾望?從哲學角度來看,需求是人類為了生存、成長和福祉所需要的最基本要求。需求是客觀、普遍的要求,只要是人類就會有需求,而且需求不受個人偏好和文化差異的影響。食物、水、居所和安全就是典型的例子。為了個人的生存和繁衍,我們必須滿足這些需求。

　　慾望則很主觀,而且會根據個人和文化而有很大的差異。慾望通常會受個人偏好、社會規範和文化差異的影響。慾望並不是為了生存所需的要求,它是在個人期望和個人偏好的驅動下產生的,豪宅、高級轎車和特定職業就是代表性的例子。為了生存,需求必不可少,慾望則不一定。慾望的種類和程度會根據個人的價值觀和環境而有差異。

　　哲學家們也將這兩者作了區分。亞里斯多德在《尼各馬可倫理學》中討論人類的「善」時,區分了需求（Chreiai）和慾望（Orexeis）。亞里斯多德主張,為追求人類的繁榮,需求必不可少,只要是人類就會有需求,而慾望帶有個人主義色彩,它會根據個人的喜好和情況而有差異。[3]

　　康德也主張,人類的需求根源於人類的尊嚴概念,而慾望

不過是個人主觀的期望或偏好。康德認為，為了人類的福祉，人類有義務滿足自己的需求，而且人類不應該賦予慾望與需求同等的道德分量。

如今，人類已被充分滿足需求，現在正專注於追求慾望。儘管從全球來看，有不少人連基本需求都沒被滿足，但如果從人類生產的產物總量來看，其能滿足所有人類的需求。為了滿足所有人類的需求，適度分配、流通產物當然很重要，但演化的慾望將會為人類的未來帶來更多影響。因此，我們將從現在開始著重探討慾望。本書提到的慾望有時會包含基本需求。

隨著社會、經濟、技術環境改變，以及時間的推移，人類的慾望發生了好幾次變化。讓我們來了解一下從原始時代到現代，人類的慾望發生了哪些變化。[4]

原始時代，也就是人類歷史初期，人類的慾望主要集中在衣食住和安全等最基本的生存需求上。隨著語言和社會結構發展，人類社會出現了對社會歸屬感和同伴情誼（Comradeship）的需求。這個時期，人類的慾望比現代簡單，主要是為了生存和社會連結。

進入農業時代後，隨著農業興起、定居社會高度發展，人類社會出現了對財產、財富、社會地位的慾望。這些新的慾望與土地、資源的所有權和控制權有密切的關聯，並導致了社會階層和階級制度的出現。

在爆發工業革命、進入工業時代後，人類的慾望開始出現

了急劇的變化。除了實體商品之外，人類還開始追求起了現代生活的便利與奢侈，如汽車、家電、娛樂等。此外，隨著廣告和媒體訊息高度發展，人類社會還出現了會直接刺激大眾的慾望、促使群體慾望形成的消費文化。

進入數位時代後，隨著各種以網路為中心的數位科技登場，人們注重起了連結性、便利和即時滿足，人類的慾望再次發生了變化。社群媒體和線上平台引發了人們對關注、認可和社會影響力的新需求，科技的發展則以客製化和個人化為中心激起了人類的新慾望。

從社會學角度來看，人類慾望能夠反映出不同時代的社會、文化規範和價值。隨著社會不斷發展、變得複雜，實體商品、社會地位和個人成就的需求變得更加突出。美國經濟學家兼社會學家托斯丹·韋伯倫在其著作《有閒階級論》中主張，不從事生產勞動的富裕菁英階級，即有閒階級會進行引人注目的消費活動，來炫耀自己的地位和財富。韋伯倫還批判，經濟體系不僅效率低下又浪費，還會使人類視自己的地位和財富在共同利益之上。[5]

根據演化心理學，為了滿足基本的生存和繁殖需求（如對食物、性、社會關係的需求），人類的慾望經過了長時間的演化。[6] 例如，對食物的需求是為了幫助祖先在糧食匱乏的環境中生存，對社會關係的需求則是為了幫助祖先建立同盟、提高生存機會。

　　隨著人類的交配體系改變，人類對浪漫愛的慾望也發生了變化。[7]人類學家海倫‧費雪主張，浪漫愛是一種複雜的現象，其可分成性驅力、吸引力、依戀三個階段。費雪還指出，這三個階段根植於哺乳類祖先的演化適應，在繁殖過程中會發揮不同的功能。例如，性滿足慾望會驅動性驅力，其特徵是會分泌大量的睪酮和雌激素。對特定伴侶的偏好會驅動吸引力，其特徵是會分泌大量的多巴胺和正腎上腺素。催產素會驅動依戀，其特徵是會隨著時間的推移，產生親密感和奉獻精神。

　　如果去看各文化圈的研究結果，會發現在求偶的過程中，男性比女性傾向對年輕、美貌等視覺線索有更大的反應。有主張稱，為了找到能為自己生下生存能力較強的孩子的女性，男性演化成了會對視覺線索產生較大的反應。而女性在求偶的過程中，傾向比男性更喜歡社會地位高或富裕的對象。女性演化成了會記住對方的行為並從長遠角度選擇對象。[8]

　　像這樣，人類的慾望會改變，它已經隨人類歷史的變遷發生了好幾次變化。讓我們來看看進入人工演化期後，人類將會追求哪些慾望，人類的慾望又會迎來何種未來。首先，讓我們在下一個小節中窺探慾望演化的人類會如何過度過一天。

嘗試生活在未來

　　萊斯利一睜開眼，就脫下了腦機介面裝置。大概是因為冒了冷汗，枕套都濕了。萊斯利昨晚做了一個惡夢，但他不記得自己夢到了什麼。

　　「給我看我昨晚做了什麼夢。」

　　「好，我幫你把它編輯成三分鐘。」AI 助手「勞」立刻回答萊斯利。

　　床頭附近升起了一個透明的曲面螢幕。萊斯利靠在床上，開始觀看昨晚做的夢，是一個在黑暗的叢林裡被野狼追趕的夢。這是萊斯利這個月第四次做這個夢。雖然不想多想，但萊斯利總覺得心裡很不好受。

　　「萊斯利，你要不要接受一下心理諮商？」勞讀出了萊斯利的表情後提議。

　　萊斯利點了點頭，透明螢幕中出現了 AI 精神科醫生。萊斯利當然可以找人類醫生，但他通常會找 AI 醫生。

　　心理諮商結束後，萊斯利從附在冰箱上的客製化飲料機裡拿出了一瓶飲料。這台飲料機每天都會根據萊斯利的身體狀態，現場調製可以補充各種礦物質和營養成分的飲料。

　　這時，寵物狗「梅」搖著尾巴跑到了萊斯利旁邊。

「萊斯利，梅現在覺得很無聊。你要不要帶牠出去散散步？」勞在辨識梅的聲音和肢體動作後，對萊斯利說。

萊斯利雖然覺得有點麻煩，但他這幾天都沒有帶梅出去散步，所以有點罪惡感。萊斯利決定帶著飲料，與梅一起外出散步。梅開心地跑來跑去。

「今天要不要玩尋寶遊戲？」勞又問萊斯利。

萊斯利通常會散步 20 至 30 分鐘，但勞似乎希望他能散步一個多小時。

「有什麼寶物？」

「你喜歡的時尚品牌 MUSINSA 最近有新品活動，他們在這附近藏了四個寶物。我們來找找看！」

萊斯利露出一副拿勞沒轍的樣子，開始找起了寶物。萊斯利找著找著，走進了幾條平時不常經過的巷子，而且走得比平時久。他一邊運動，同時享受著尋寶的樂趣。萊斯利尋寶尋了好一陣子後，找了張長椅坐了下來。他發現有人在長椅旁邊留了一則訊息。

「幫我打開訊息。」

這則訊息是一個 110 歲左右的老人留的訊息。萊斯利曾在社區見過那個老人幾次，但他沒有跟老人打過招呼。老人出現在智慧眼鏡中，他說那個長椅有著他與妻子的回憶。老人在分享完回憶後提議在這裡搭一個遮陽棚。接著，萊斯利眼前出現了一個市民捐款箱，募款到的金額已經達到了老人設定的一半

左右。萊斯利選擇參加捐款活動並進行了轉帳。

萊斯利回到家後，到家中的小型智慧農場摘了幾片萵苣葉，並把在家培植的牛肉做成了牛排。萊斯利常常會在想吃肉的時候選擇吃培植肉。他一邊吃飯，一邊看下午要報告的專案內容。

萊斯利今年辭去了大學教授的工作，轉做基因設計師。他才剛做這份工作，所以在這個領域還是個新人。他這次參與的專案是要讓西元前滅絕的動物復活。

萊斯利在辭去大學教授職務之前，就已經在學基因工程了。他當時用英國學校提供的帳號登入量子電腦，進行了各種模擬。他發現一邊模擬一邊學習，是一件非常神奇又愉快的事。量子電腦模擬在藥品開發、植物物種改良等幾乎所有生物領域，都展現出了非常強勁的性能。

負責這個專案的組長是萊斯利在大學通識課時教過的學生。萊斯利今年 66 歲，但現在的他並不是教授。他現在正在以新人基因設計師的身分，和他 40 歲的學生，應該說，和他 40 歲的專案組長一起執行專案。

如果萊斯利的工作內容與他當教授時研究的領域有關，那他應該能賺更多錢，但他現在想嘗試新的工作。由於政府會對企業使用的智慧型機器課稅，並將此稅收發放給所有國民用作基本收入，萊斯利的經濟負擔減輕了不少。

吃完飯後，萊斯利打開了他最近有空閒時會寫的科幻小說

故事大綱。故事背景是中世紀。萊斯利大致立好了故事框架，現在想請人幫他看看。萊斯利靠在沙發上，召喚出自己喜歡的科幻小說家以撒・艾西莫夫、亞瑟・克拉克、菲利普・狄克和雷・布萊伯利。沙發桌對面出現了四名史詩級的科幻小說家。萊斯利相當緊張，因為他不曉得這四名作家會對自己的故事大綱提出什麼看法。四名作家從自己的角度出發，給了萊斯利各種意見。萊斯利最贊同亞瑟・克拉克的看法。雖然艾西莫夫是萊斯利最尊敬的作家，但不管他再怎麼想，都覺得要反映艾西莫夫的意見會有困難，因此萊斯利決定這部小說要照自己的想法來寫。

　　再過一個小時，萊斯利就得在於美國維吉尼亞州黑堡舉行的專案會議上報告了。雖然他上次曾搭飛機去黑堡，但這次實在是趕不上行程。萊斯利戴上腦機介面裝置，連上了事先預約好的「Rob」。Rob 是一種人形的虛擬化身機器人。就跟共享汽車、電動滑板車一樣，全世界到處都有 Rob。只要遠距連上預約好 Rob，使用者就會感覺自己來到了別的地方。Rob 會用螢幕包覆住使用者的全身，因此使用者可以自行設定臉、膚色、衣服和鞋子。萊斯利決定顯示自己的臉，衣服則選擇了尋寶時找到的西裝外套。

　　萊斯利報告時使用的語言是韓語，而到黑堡開會的專案成員聽到的，當然是自己想聽的語言。如果萊斯利開一個韓國的玩笑，系統會根據專案成員的所屬文化圈和年齡，自動把它改

編成外國人能理解的內容。看到大家笑容滿面，萊斯利報告得更起勁了。

報告結束後，一名叫阿瑪的非洲專案成員對萊斯利說，他想進一步了解報告中某個部分的細節。正當萊斯利興奮地在為阿瑪說明時，勞突然打斷了萊斯利。當然，只有萊斯利能聽到勞的聲音。

「阿瑪的額頭肌肉張力下降，臉部肌肉也都放鬆了。他雖然很努力聽你說話，但似乎覺得你現在說的內容很無趣。比起現在這個話題，我覺得你可以說說你一開始報告時提到的那件事情。」

萊斯利仔細想想，發現自己確實有點偏離主題。他決定聽勞的建議，換一個話題。

「太好了，萊斯利！阿瑪的眼睛變得炯炯有神、嘴角也上揚了。他似乎對這個話題很有興趣。」

聽了萊斯利的說明後，阿瑪向萊斯利介紹了一個新的專案。阿瑪說，那是他目前參與的一個非洲地區的慈善專案。他提議如果經濟條件許可，萊斯利也可以參與這個專案。不過參與這個專案，需要捐一小筆錢。正當萊斯利想著要參與這個專案時，勞似乎讀出了萊斯利的想法。

「等等！之前那個地區有過類似的募款專案，但後來發現是詐騙。你現在先不要回答，稍微再考慮一下怎麼樣？」勞對萊斯利說。

　　萊斯利決定聽勞的建議。他搪塞了過去，並跟阿瑪說可以在近期內討論一下。

　　離 Rob 的歸還時間還有兩個小時。萊斯利想去看看自己以前住的社區變得怎麼樣了。他讓附在 Rob 上的無人機飛到了高空。萊斯利就像一隻鳥，操控起了無人機、從空中俯瞰黑堡。

　　「萊斯利，你不去見見埃德爾奶奶嗎？」正當萊斯利在空中飛得起勁時，勞問道。

　　埃德爾奶奶是萊斯利住黑堡時，經常光顧的一家舊書店的老闆。萊斯利讓無人機降落，並換回 Rob 的視角、走向書店。埃德爾奶奶看起來很健康。埃德爾奶奶一看到 Rob 的臉，就認出了萊斯利，她露出燦爛的笑容，跟萊斯利打了招呼。打完招呼後，她一邊說她進了幾本萊斯利應該會喜歡的書，一邊把角落的書拿給了萊斯利。被問到身體是否還健康時，埃德爾奶奶說她最近又開始接受癌症治療了。但這不是什麼大不了的事情，隨著奈米科技被應用在癌症治療，已經有很少人會死於癌症了。利用奈米科技製成的奈米載體會直接將藥物注入癌細胞後，加熱攻擊癌細胞。萊斯利在與埃德爾奶奶打完招呼後，登出了 Rob。

　　「該看今天的紀錄片了！」勞提醒萊斯利。

　　萊斯利的一天被剪輯成了紀錄短片。他的眼前播放起了影片。萊斯利把觀看影片時的想法和感受告訴了勞，勞則將萊斯利的話記錄下來，做成了字幕。

為了心理健康，萊斯利已經做這件事好幾個月了。他最近正在開發複製了自己精神的虛擬化身，而像這樣記錄自己的日常生活，對製作虛擬化身也很有幫助。萊斯利目前還在開發一種由他的 AI 虛擬化身免費為人提供煩惱諮商的服務。萊斯利製作的 AI 虛擬化身長得和萊斯利一樣，虛擬化身會在學習萊斯利的知識和哲學後，提供人們煩惱諮商服務。在這個服務的企劃、開發階段，萊斯利從勞那得到了不少幫助。

不知不覺間，一天就要結束了。萊斯利將身體埋進了沙發，旁邊放著一杯紅酒。

「恭喜你，勞。我今天早上看到報紙說，你的使用者超過三億人了。」萊斯利對勞說。

「謝謝你的祝賀。」

「你一年賺進的收入應該有 70 兆韓元（約新台幣 1 兆 6,800 億元）左右吧？」

「這個嘛，我沒辦法告訴你我具體賺了多少。其實，我也沒有權限訪問那個資訊。但從使用者的標準月費和使用者購買我推薦的商品時產生的手續費來看，我每年賺進的收入應該比你剛剛說的金額更多。」

「那可真厲害。我可以問你一個問題嗎？」

「什麼問題？」

「你現在不是知道全球三億人在想什麼嗎？那你覺得人類的問題在哪裡？」

「萊斯利，你應該也很清楚，服務條款規定我不能針對所有客戶提出我的意見。」

「噢，對哦。那我換個問法吧。如果你是我喜歡的作家海明威，那你會對現在的人類說什麼？」

「如果是這種問題，我就能回答了。如果我是海明威，我應該會說：『人類不是因為失敗而痛苦，而是因為痛苦而失敗。』」

「好帥的一句話！」

「這句話應該不需要我說明或解釋吧？」

「那當然。這應該要由我自己來思考。」

就在要上床睡覺時，萊斯利突然想到明天有個聚會。他開始挑起了明天要穿的衣服。那個聚會是科幻小說家們的聚會，成員從 10 歲到 100 歲都有。

「勞，你覺得這樣搭怎麼樣？」萊斯利問道。

但勞沒有回答。

原來是 AI 助理服務正在進行臨時檢查作業。萊斯利瞬間感到很錯愕。他猶豫了一陣子，還是沒有決定要穿哪件衣服。萊斯利躺回床上，決定明天早上再問勞。

擴展慾望

　　心理學家兼精神醫學家史蒂文‧賴斯提出了人類的 16 種基本慾望理論。[9] 這個理論的概念始於 1990 年代賴斯住院的時候。賴斯在醫院接受治療時發現，照顧自己的護士們付出了奉獻和努力。看到護士們熱愛自己的工作的樣子，賴斯不禁問自己：「什麼東西能讓人感到幸福？什麼東西能驅使人行動？」

　　賴斯發現，幾乎沒有分析模型探討人類慾望的結構。於是，他在身體康復後開始專注於研究人類的慾望。他以六千多人為對象進行了研究，並整理出了 16 種人類的基本慾望。他發現這些慾望是激勵人類的動力來源。賴斯提出的 16 種慾望如下。

- 權力：對成就、能力、領導力等控制力的慾望
- 獨立：對自由、自立的慾望
- 好奇心：對知識、真相、想解決問題等的慾望
- 接納：與自尊和正向的自我形象有關、想被認可的慾望
- 秩序：對穩定、規則、有所準備的情況的慾望
- 儲蓄：對收集、財產、所有權等的慾望
- 榮譽：對道德感、人格、忠誠、維護傳統價值的慾望

- 理想主義：對公平、正義、憐憫的慾望
- 社會接觸：對友情、歸屬感、與他人建立關係的慾望
- 家庭：對子女、育兒、愛的慾望
- 地位：對職位、獎勵、優越感、炫耀等的慾望
- 報復：對憤怒、憎恨、勝利、反擊等的慾望
- 浪漫：對美、求偶、性、交配等的慾望
- 食慾：對消除飢餓、飲食等的慾望
- 身體活動：對活力、運動等的慾望
- 安寧：對休息、安全、保護、逃避壓力等的慾望

如果想看更詳細的人類慾望分類，可以參考 2017 年塔列維奇進行的研究。[10] 塔列維奇的研究探討的是動機而不是慾望。如果我們深入探討，就會發現慾望和動機並不等價。但塔列維奇列出的人類的 161 個動機有助於理解人類的慾望。

亞里斯多德和柏拉圖等古代哲學家認為，人類擁有與生俱來的慾望，其對人類的本性和幸福來說不可或缺。尚・布希亞等現代哲學家則認為，人類的慾望是由社會和媒體構成的，而不是與生俱來的。人類正在透過人工演化擴展身體和精神，人類的人際關係和生活也正在快速地發生變化。如果一一去探討賴斯提出的 16 種慾望未來會朝哪個方向發展，我們肯定說不完，所以我將這 16 個慾望共同的特性整理成四個方向。我們將結合前一小節中描述的萊斯利的一天，探討這四個方向。

　　第一，是對沉浸式體驗的慾望。人類將會變得更渴望超越物理限制和時空限制的沉浸式體驗。經濟學家們指出，經濟發展分成四個階段。第一階段是供應自然種植、未經加工的農作物的「農業經濟」時代，第二階段是以工業化工廠生產的標準化商品為重點的「工業經濟」時代，第三階段是根據特定群體的特點提供客製化服務的「服務經濟」時代，第四階段是為個人提供令人印象深刻的新體驗的「體驗經濟」時代。[11]

　　繼體驗經濟之後，沉浸式經濟（Immersive Economy）近幾年正在興起。沉浸式經濟是英國的一家沉浸式技術相關企業及研究機構網路 Immerse UK 提出的概念。[12] 體驗經濟的體驗以現實世界和物理環境為中心，沉浸式經濟則是會用到元宇宙技術，並且以數位體驗為中心。

　　在前一個小節中，萊斯利透過與精神科醫生諮商、與長椅旁數位記錄中的老人相遇、出席在美國維吉尼亞州舉辦的會議，體驗了沉浸式體驗。雖然萊斯利的精神科醫生是物理上不存的數位醫生，但他確實在床頭邊見了醫生。長椅老人是實際存在的真人，但萊斯利並沒有與老人在同一個時間點互動，跟萊斯利進行沉浸式互動的是過去的老人。在美國舉辦的會議讓萊斯利透過數位現實，遠距體驗了物理現實。萊斯利透過沉浸式體驗，滿足了對權力、好奇心、理想主義和社會接觸的慾望。身體和精神的擴展技術可以算是表露那些慾望的媒介。

　　第二，是對個人化和客製化的慾望。人類想消費符合自身

需求和偏好的產品和服務的慾望將會爆發。隨著 AI 和大數據的使用增加，實物製造和生產領域又有機器人、無人機和 3D 列印不斷發展，人類將會在產品、服務、體驗等各個領域變得更渴望個人化和客製化。我在前面說明慾望和需求時曾提到，需求有相當大部分與慾望重疊，並且正在擴大。當原本用來滿足需求的產品、服務和體驗被個人化和客製化，它的用途就會被擴大成必須滿足人類的慾望。

AI 助理勞正在為萊斯利的日常生活進行個人化和客製化。個人化和客製化過去專屬於富裕階級和有權勢的人，但技術正在使這種慾望的實現變得更民主化。這種服務會專為萊斯利一個人做好所有準備，這種情況與權力和秩序慾望有關。個人的決策範圍擴大則與獨立慾望有關。然而，萊斯利出現了因為過度依賴勞而導致獨立慾望扭曲的現象。

工業時代的人類會共享都市的基礎設施，並且經常會為了提高經濟效率，而抑制個人的控制力。擴展的人類將會對自己所處的環境和決策發揮更大的控制力，並有更多自立、獨立的機會。[13]

第三，是對提高身體和認知能力的慾望。隨著基因改造和腦機介面等技術發展，人類將會夢想擁有更優秀的任務執行能力和更強的身體能力及認知能力。我在第一部分中，將「擴展表型」套用在人類身上進行了說明。人為的擴展包含人類為了加強自己的能力或改善環境，而製作和使用的所有外部物體、

技術和系統。隨著人類增強身體能力和認知能力，人為擴展的速度正在加快。

萊斯利在科技的幫助下與寵物狗梅進行了更密切的交流，並讀出了在維吉尼亞州認識的阿瑪隱藏的想法。實現社會接觸慾望的深度和廣度正在發生變化。使用虛擬化身機器人參與在美國舉行的會議，就是透過增強身體來擴大社會接觸慾望所得到的結果。機器人將會隨著技術發展，被更普遍地用來提供人類（特別是老弱婦孺或被孤立的人）進行社會接觸、建立伙伴關係的機會。[14]

第四，是對永續發展和環境保護的慾望。隨著對氣候變遷和環境永續發展的擔憂不斷增加，人類將會變得更注重具有永續性的環保產品、服務和生活風格。會出現這樣的變化，是因為隨著人類的精神和意識高度發展，人類追求更高的內在價值的慾望正在增加，同時也是因為隨著人類的物理壽命延長、與後代的共同體意識透過「精神軸」增強，人類變得更關注地球的未來。

萊斯利靠智慧農場和培植肉解決一餐，不僅滿足了食慾，還守護了永續發展、與其他生物共存的價值。這與靠工廠化養殖場滿足食慾、逃避建立一個水平的生態系統的當今人類有很大的差異。也就是說，雖然這兩種慾望目前會產生衝突，但人類未來將能同時滿足這兩種慾望。

基因改造、3D 列印和 AI 技術今後將會被用於個人化的飲

食和營養建議，而這將會使人類渴望細分個人化的美食。隨著食品保存、包裝和物流技術高度發展，以及人類全面實現機械化和自動化，用餐環境也將會漸漸變得更個人化。

另外，萊斯利在商務會議上積極使用虛擬化身機器人，因此減少了飛機航行時會產生的碳排放。也就是說，今後將會有各種方法能解決人類慾望和人類追求的價值之間的衝突。

為了實現慾望，人類會在思考與判斷後創造體驗，最後達到某種情緒狀態。但為了實現慾望而去創造體驗，對人類來說未必是祝福。人類通常會因為未能創造體驗以實現慾望，而覺得自己的人生很不幸，但就算為了實現慾望創造了體驗，那個體驗造成的連鎖反應所帶來的情緒，反而常常會使人陷入不幸。接下來，讓我們來看看不斷演化的人類慾望今後將會使人類更關注哪些體驗吧。

第 5 章

體驗

哪怕是很小的作用，

我們唯有察覺到自己的作用時，

才會變得幸福。

我們只有在這一刻才能活得安寧、死得安寧。

因為賦予生命意義的東西，也會賦予死亡意義。

──安東尼・聖修伯里，《風沙星辰》

　　為了提高學生們的討論參與度，我自製了一種教具。課堂討論方式大致如下。我會讓 4 ～ 5 人分成一組，並將圓形貼紙、回饋板和主題卡分給所有學生。學生們會先決定發言的順序，輪到自己時必須翻開主題卡並就主題卡上的主題發言。其他學生則要在仔細聽發言人的發言後，將貼紙貼在發言人的回饋板上。回饋板上有熱情、樂趣、共鳴等欄位。如果在聽完發言人的發言後感受到熱情，就把貼紙貼在熱情欄位上，如果產生了共鳴，就把貼紙貼在共鳴欄位上。貼紙可以一次貼在多個欄位裡。所有的學生都要按這個順序發言。使用這個教具時，學生們都會非常開心地集中精神討論。

　　但每當我說明完這個教具的使用規則，準備讓學生們開始討論時，學生們都會問我：「教授，那我們要怎麼判斷誰輸誰贏呢？是不是拿到最多貼紙的人贏？」

　　我每次聽到這個問題時，都會感到有點惋惜。因為大部分學生都認為討論也是一種競爭。他們似乎不認為討論是一種能「探索」其他人的想法、「發現」新觀點、分享彼此的感情、「產生共鳴」並傳遞自己的想法來「表達」自我的體驗。

　　什麼是體驗？這是我常常會在體驗設計課時問學生的問題。體驗是人們在生活中認知到的事件的總和。在人生旅途中，毫無畏懼地享受各種新的體驗，是人類在生活中感受到的幸福的泉源。

　　我在課堂中遇到的很多學生都認為討論是一種為了決勝負而展開的競爭，而不是一種能探索、發現、產生共鳴、表達的體驗。如果學生們抱持著競爭的想法，那他們在課堂中獲得的將會只有競爭的體驗。然而，體驗並非固定不變，受到時代、環境、技術、個人認知等各種因素的影響，體驗時時刻刻都在發生變化。現在，讓我們來看看人類今後將透過人工演化獲得哪些體驗。

體驗無限

人類會在一生中經歷各種體驗。從生物學角度來看，人類的體驗是透過身體和生物系統功能形成的。這包含飢餓、口渴、痛苦、快樂等感覺以及神經系統、荷爾蒙和其他生理功能。從心理學角度來看，人類的體驗是透過感知、認知、情緒等精神過程形成的。體驗就是人類對內部和外部刺激產生反應、思考、產生感受、採取行動後的結果。

從哲學角度來看，人類會在一生中不斷經歷尋找知識、意義、目的、道德等人類存在的本質的體驗。如果有尋求精神信仰或某種神聖的存在，那這個人還會經歷宗教體驗。從社會學角度來看，人類的體驗大受制度、規範、權力關係等社會階級和社會框架的影響。為了創造和獲取生活中所需要的各種物質價值，人類還會致力於創造與市場和經濟活動有關的體驗。像這樣，在人類生活中發生的體驗可以從各種不同的角度來解釋。但在這個小節中，我只會簡單地把它們列出來。

關於人類體驗的研究有很多版本。在這個小節中，我將為各位介紹專門研究人機互動的專家安得烈・盧塞羅建立的模型。這個模型將體驗分成了以下 22 種。[15]

- 專注：專注某事，不被不必要的事物分散注意力的體驗
- 挑戰：在某個任務中測試自身能力的體驗
- 競爭：與自己或其他人競爭的體驗
- 完成：完成想做的事情的體驗
- 控制：靠自己的能力支配周圍人事物的體驗
- 殘酷：給其他生物身體上或精神上的痛苦的體驗
- 發現：發現未知的新事物的體驗
- 情色性：對他人產生愛意並進行交流的體驗
- 探索：調查新地點、新事件、新知識等的體驗
- 表達：利用其他東西或方式表達自我的體驗
- 幻想：想像物理上不存在的東西的體驗
- 深交：與他人溝通、交友的體驗
- 幽默：與樂趣、快樂、玩笑、搞笑有關的體驗
- 照顧：照顧自己或幫助其他人成長的體驗
- 休息：放鬆並療癒身心的體驗
- 感覺：透過五感獲得感官上的滿足的體驗
- 模擬：測試或創造在現實中不可能實現的事物的體驗
- 歸屬感：成為團體一員的體驗
- 顛覆：違反社會規則或法律的體驗
- 痛苦：與憤怒、失落、挫折感有關的體驗
- 共鳴：與其他人分享情感的體驗
- 刺激：因危險而感到興奮的體驗

　　盧塞羅提出的 22 種體驗早已存在，並且在人類漫長的歷史中慢慢發生了變化。人類體驗演化的關鍵在於過去以生存為基礎，現在則變得複雜多樣。史前時代，人類相對關注探索、感覺、控制等直接有助於生存的體驗。但隨著人類社會發展，表達、幽默、幻想等新的體驗開始在人類的社會和生活中變得越來越重要。此外，各種體驗也正在隨著時代的變遷，不斷發生變化。讓我們來看看人類在進入人工演化期後，將會經歷哪些體驗。

擴展體驗

各位覺得自己的存在範圍涵蓋到哪？在此之前，讓我們先來了解一下什麼是人類的身體覺察範圍。身體覺察範圍指一個人能感知與察覺到自己的身體功能、感覺和動作的程度。研究發現，身體覺察能力較高的人比較容易做出健康的行為，情緒調節能力也比較強，而且不容易感到有壓力或不安。相反地，身體覺察能力較低的人比較容易出現身體和心理健康問題。[16]

我來舉一個簡單的例子吧。此時此刻，各位在讀這本書時，手機都放在哪裡？我想，幾乎所有人都把手機都放在觸手可及之處。就算沒有放在身邊好了，大家也應該都記得自己把手機放在哪裡。手機是開始被人類納入身體覺察範圍的數位設備。當然了，我指的是當我們廣義地定義身體覺察範圍的時候。透過手機，人類的覺察範圍擴大到了透過手機連結的數位世界。各位可以回想一下我在第一部分中說明的理查·道金斯的《擴展表型》。

我前陣子在進行採訪時，遇到了一件非常神奇的事。我與一對父母和他們的孩子見了面，那對父母表示因為想替孩子治療數位設備成癮症而向我申請了諮詢。他們的孩子的手機 App 中使用時間最長的是《當個創世神》。

　　《當個創世神》是一款能讓玩家自由堆疊長得像積木的方塊來打造世界的遊戲。方塊的種類非常多樣，每種方塊都有它的特性，如泥土、石頭、樹木、電磁鐵。《當個創世神》最重要的特徵兼優點就是它是一款「沙盒」遊戲。各位可以想像小朋友們聚在一個遊樂場，遊樂場裡木製大箱子中裝著沙子，小朋友們可以把各種玩具放進去、隨心所欲地玩耍。玩家們可以用沙子堆出各種東西，玩膩了可以砸碎後重做。2021 年 8 月，《當個創世神》的月活躍用戶超過了 1 億 4 千人。《當個創世神》裡幾乎能找到所有的世界著名建築物，像是佛國寺、景福宮、瞻星臺、泰姬瑪哈陵、艾菲爾鐵塔，以及各種在物理世界中不存在的空間和建築物。

　　向我申請諮詢的父母並不是反對孩子玩《當個創世神》。只是為了減少孩子玩遊戲的時間，他們要求孩子用客廳的電腦玩遊戲，而不是用手機玩。他們覺得這麼做比較容易在他們的控制範圍內進行管理。孩子也同意了，所以之後都用客廳的電腦玩那款遊戲。但從那天開始，孩子一直抱怨用電腦玩起來很不自在。父母說他們無法理解小孩為什麼會這麼說。他們為小孩準備了將近 30 吋大的電腦螢幕、高性能電腦、鍵盤和滑鼠，如果不是想用電腦做壞事，沒理由覺得不自在。

　　我把手機遞給小孩，讓他用手機玩那款遊戲給我們看。小孩以極快的速度玩了起來，他的動作快到我的眼睛根本追不上他。這時，小孩說：「就是要這樣直接用手按才方便！」原來，

對那個小孩來說，鍵盤和滑鼠只不過是難以操作的介面、與身體分離的設備，手機則是他身體的一部分，他只需要用手指觸碰畫面、拖曳物品即可。那當這個小孩長大成人時，他的身體覺察範圍究竟會擴大到什麼程度呢？

我曾在第一部分中提到，人類的身體和精神會在未來透過人工演化得到擴展。未來的人類會使用各種技術來實現擴展，無論是身體覺察範圍還是能力範圍，都會打破大自然的侷限性。讓我們以幾項技術為例子，來看看〈嘗試生活在未來〉小節中的萊斯利的身體覺察範圍能擴大到什麼程度。

第一，透過腦機介面技術，萊斯利可以只靠意念控制外部的機器和數位設備。[17] 簡單地說，萊斯利可以用意念控制家裡的各種電子產品和無人機等各種型態的機器人。萊斯利也可以利用腦機介面技術，靠意念和元宇宙中的虛擬化身進行互動。

第二，萊斯利可以利用超高速網路和物聯網，即時感知廣闊的物理世界各處正在發生哪些事情。當然，使用者只能獲取允許訪問的資訊。

第三，快速發展的生物技術和奈米科技能讓萊斯從分子層次監測和操縱生物過程。萊斯利可以利用植入體內的裝置，即時分析自己的身體狀況，如果健康出了問題，就可以立即做出應對。

第四，萊斯利能與存有大數據的 AI 對話，獲取即時積累的大量知識和資訊。萊斯利不僅能問自己不知道的事情，還能

就複雜的社會現象或沒有正解的哲學主題，與 AI 對話、辯駁，進而提升自己的思維能力。

但在萊斯利的身體覺察範圍擴大的過程中，可能會因為技術、制度不完善而出現問題。萊斯利的身體數據和正在利用機器人看什麼東西，都有可能會洩露出去。此外，隨著覺察範圍擴大，萊斯利可能會搞不清自己的存在範圍涵蓋到哪裡，並對自身的存在和意義產生前所未有的疑惑，進一步陷入混亂。

讓我們透過圖 1 的象限圖，來看看萊斯利的身體覺察範圍會在實現人工演化後如何擴展。

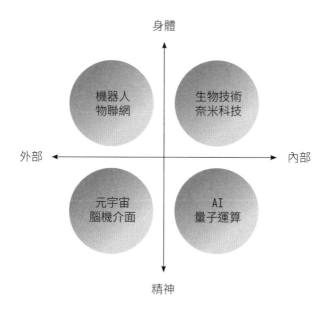

圖 1　身體覺察範圍擴展象限圖

　　首先，生物技術和奈米科技會支援內部－身體的擴展，因為這些技術能增強或替換萊斯利的身體和器官。AI 和量子運算會實現內部－精神的擴展，因為萊斯利會將積累在外部網路的大量資訊和知識當作自己的東西。機器人、物聯網技術有助於外部－身體的擴展，因為人類今後將能利用機器人技術，像是在操縱自己的身體般操縱外部的實體裝置。元宇宙、腦機介面技術會支援外部－精神的擴展，因為人類內部的精神、思考領域將能連接到外部進行擴展。像這樣，我們可以透過這個象限圖，展望萊斯利的身體覺察範圍今後會在這四個象限中被擴展得多廣。

　　假設萊斯利把無人機當成自己的眼睛，隨心所欲地操縱它到數十公里外看風景，那我們可以說是萊斯利本人在看那個風景嗎？我們可以說這百分之百是萊斯利的「體驗」嗎？為了回答這個問題，我們先來看一下另一個問題。假設各位坐在一架飛機裡，那架飛機正在空中飛行。那麼，我們能不能說各位正在空中飛行呢？

　　從本體論的角度來看，「人類是否正搭著飛機在空中飛行」這個問題的回答取決於我們如何定義人類、飛行和空中這三個用語。本體論研究的是存在的本質和事物的本質，為了理解情況的本質，我們必須先確認這些用語的定義。從結論上來說，如果從本體論的角度出發，人類嚴格來說不像鳥類或昆蟲一樣能「飛行」，但由於人類正在空中移動，因此我們可以將

這個動作視為不同類型的飛行。此外，由於飛機正在穿過人類定義為天空的大氣層，因此我們可以說，飛機上的人實際上正在空中飛行。

我會帶各位思索這個問題，並不是為了進行哲學辯論。這個問題的重點是經歷這個「體驗」的當事人自己怎麼想、怎麼判斷。現在，讓我們回到前面那個問題。「假設萊斯利把無人機當成自己的眼睛，隨心所欲地操縱它到數十公里外看風景，那我們可以說是萊斯利本人在看那個風景嗎？」答案很簡單。如果萊斯利覺得在認知層面上，自己經歷了那個體驗，那他就是親眼看到了那個風景。前面提到的《當個創世神》例子中的小孩也是如此。

人類在經歷某件事時，通常會伴隨大腦的資訊活化和處理過程。體驗是由感覺輸入、認知處理、情緒反應之間複雜的相互作用形成的。在感覺輸入階段，視覺、聽覺、觸覺、味覺、嗅覺等感覺器官會處理來自環境的資訊。這些感覺資訊會傳遞到大腦，並與人類先於經驗的知識（Prior Knowledge）和記憶結合。[18]

認知處理包含解讀感覺資訊、辨識物體、辨識模式。認知處理是人類理解周圍世界、從體驗中創造意義的必經過程。情緒反應在人類體驗形成的過程中也扮演著重要的角色。因為情緒不僅會影響我們解讀、記住事件的方式，還會影響我們應對事件的方式。

　　人類會在空間裡與其他人或物互動，並根據目的和目標獲得體驗。即便所有的因素都相同，每個人類個體所經歷的體驗仍會根據個人的感覺和認知差異而有所不同。讓我們回到盧塞羅的 22 種體驗。未來的萊斯利將會像我們在前面的象限圖中看到的那樣，其身體覺察範圍會擴大、感覺和認知會實現人工演化。那麼，萊斯利今後將獲得的體驗會發生哪些變化呢？

　　讓我們來看一下，盧塞羅的 22 種體驗中的「專注：專注某事，不被不必要的事物分散注意力的體驗」。萊斯利住在人口密度非常高的市中心，所以周圍總是充滿了噪音和各種刺激。雖然這平時算不上什麼問題，但在做最近開始進行的基因設計工作時，萊斯利會因為嘈雜的噪音而無法集中精神。不過多虧了有腦機介面技術和能靠意念控制的外部設備，萊斯利能消除掉周圍的噪音和造成妨礙的視覺因素，完全專注於工作或體驗。此外，由於能與 AI 對話、獲得大量的資訊和知識，萊斯利將能更集中精神深入了解複雜的主題。萊斯利已經 66 歲了，但就算他長時間集中精神工作，身體也不會有太大的負擔。因為他能利用生物技術和奈米科技即時監測身體，提前發現與消除會造成身體負擔的因素。

　　不過這種尖端科技有時候會害萊斯利分心或引發新的問題。例如，超高速網路和物聯網可能會導致資訊超載，而妨礙萊斯利集中精神。此外，有報告指出，有人因為利用元宇宙在數位現實中與其他虛擬化身相處的時間增加，而罹患失自

我感障礙症／失現實感障礙症（Depersonalization/Derealization Disorder，DPDR）。[19] 這是一種會覺得自己從自己的身體或周圍環境分離出來的精神疾病。患者會覺得自己在自己的身體外看著自己，或覺得周圍的世界不像現實世界。罹患這種疾病時會伴隨的典型情緒症狀有記憶力下降和注意力下降。[20]

接下來，讓我們來看一下盧塞羅的 22 種體驗中的「照顧：照顧自己或幫助其他人成長的體驗」。萊斯利將會以與現在不同的方式經歷照顧體驗。萊斯利將能利用腦機介面技術和生物技術即時監控與管理自己的健康，因此他能更自主地做好自我管理。

如果沒有勞的幫助，萊斯利很有可能會因為沒有讀出阿瑪的心情或意圖，而回答與問題無關的答案或做出錯誤的決定。與女性相比，男性比較不擅長解讀情緒和溝通，因此在育兒時會遇到不少困難，但在不久後的將來，男性將能利用 AI 提高對兒童發展和育兒策略的理解度，並在解讀與傳達感情時得到幫助，提升溝通能力。開發線上教育平台的企業目前正在透過各種方式（如追蹤學生的滑鼠、透過視訊攝影機分析學生的臉部表情、將自然語言處理演算法應用於學生留言板和聊天視窗上的留言），來掌握學生的專注度和情緒狀態。

人類還將能利用腦機介面，輕易地與各種支援育兒活動（如準備餐點、監測子女活動、提供娛樂）的設備和機器人互動。不過，這種育兒方式也會產生道德方面的問題。利用科技

監視、控制子女的活動，可能會限制子女的自主性、侵犯子女的隱私，並對子女的社會性發展、情緒發展產生負面影響。[21]

　　我們不會在這個小節一一分析盧塞羅的 22 種體驗。我們能確定的是，擴展的身體覺察能力及實現人工演化的感覺和認知，會同時為萊斯利今後將經歷的 22 種體驗帶來正面和負面作用。在接下來的小節中，讓我們來看看演化的人類體驗會對人類的情緒造成哪些影響。

第 6 章

情緒

慢慢地，慢慢地，我們能感受到靈魂上的傷口。它就像瘀傷一樣，只會慢慢加深它可怕的痛楚，直到填滿整個靈魂。就在我們以為傷口癒合、自己已經忘了它時，可怕的後遺症必會以最糟的狀態找上門來。

——大衛・赫伯特・勞倫斯，《查泰萊夫人的情人》

「假設各位某天早上醒來，發現自己變成了一隻寵物狗。各位跟人類一樣能思考，只有身體變成了狗。雖然各位試著要開口說話，但只能發出狗叫聲。不幸中的大幸是，各位能聽懂家人說的話。如果發生這種情況，各位會怎麼跟家人一起生活呢？一年後的各位會是什麼樣的心情呢？」

這是我在上體驗設計課時會問學生們的問題。一開始，大家會覺得這種情況很陌生但很有趣，並且會去思考要怎麼跟家人一起生活。但大家越是想像，臉色就會變得越沉重。這時，我會再問學生們幾個問題。

「有一天，各位在跟家人一起散步（當然，各位還是隻寵物狗）。不過各位的家人因為在講電話而沒能照顧到各位。這時，有一疊卡片掉落在各位眼前。仔細一看，一共有 27 張卡片，每張卡片上都寫著一種情緒（請參考下一個小節中的「考恩和克特納的 27 種情緒」）。這時，各位腦中萌生了這樣的

想法：『我可以把這些卡片帶回去。這樣當我有話想說時，就可以把卡片叼給家人看了！』但是嘴太小了，沒辦法把所有的卡片都叼回家，只能帶走 5 張卡片。那麼，各位會選擇帶走哪些卡片，又為什麼會選那些卡片呢？」

我會一邊問這個問題，一邊把 27 張情緒卡攤在桌上，然後讓學生們到教室前面挑 5 張卡片。我會讓大家選完卡片後，進一步問學生一個問題：「假設有兩個人或十個人必須針對某個產品、服務或系統進行溝通，但只能使用符號。那大家會選擇哪 5 張情緒卡呢？」

如果是各位，會怎麼回答上面的幾個問題？情緒使我們的生命和存在完整。我們因為有情緒，所以是有生命、有意義的存在。即便是遇到相同的情況、經歷相同的體驗，每個人感受到的、表達的情緒都不一樣，而這會形成一個人擁有的獨特色彩。讓我們來看看到了人工演化期，智人的情緒會如何演化，又會留下什麼樣的色彩。

情緒無限

　　人們對體驗有些誤解。很多人會以為體驗就是在日常生活中發生在自己身上的事。但在日常生活中發生的事其實只是體驗的起點和觸發點。我們將經歷什麼樣的體驗，取決於我們如何應對發生在自己身上的事。

　　在我們決定要做出什麼樣的應對時，情緒是一大重要因素。情緒反應會在塑造人類體驗的過程中發揮重要的作用。我們如何解讀、記住並應對一件事，取決於我們對發生的事產生什麼樣的情緒。而體驗就是做出應對後的結果。也就是說，體驗和情緒並不是獨立的存在，它們會互相影響。

　　人類的情緒是由各種內部和外部刺激引發之複雜的精神和生理狀態。感受情緒的第一階段是感知到與情緒相關的刺激。這種刺激可以是想法、記憶等內部刺激，也可以是視覺、聽覺等外部刺激。

　　大腦會在接收到刺激後啟動生理活動，讓身體做好對情緒做出反應的準備。這個過程包含啟動自律神經系統，其負責控制心跳、呼吸、流汗等身體的非自發性反應。自律神經系統分成兩個部分，一是負責戰鬥或逃跑反應的交感神經系統，二是負責促進休息和放鬆的副交感神經系統。

情緒不僅會使生理活動發生變化，還會使行為發生變化。例如，就算是遇到同樣的情況，感到恐懼的人會逃跑或僵在原地，而感到幸福的人會露出微笑或大笑。[22] 不同的情緒會活化不同的大腦區塊。例如，恐懼與杏仁核有關，厭惡則與腦島有關。[23]

研究員艾倫・考恩和心理學教授達契爾・克特納對 800 名參與者進行了情緒分類研究，並定義出了下面 27 種情緒。[24]

欽佩	崇拜	審美鑑賞
娛樂	憤怒	焦慮
敬畏	尷尬	無聊
冷靜	混亂	渴望
厭惡	同理的痛楚	著迷
興奮	恐懼	恐怖
興趣	喜悅	懷舊
安心	浪漫	悲傷
滿足	性慾	驚訝

在這 27 種情緒中，各位想感受的和想避免的情緒分別有哪些？大家可能會覺得有些情緒是負面情緒，應該盡量減少這類情緒，但事實未必如此。無論是正面情緒還是負面情緒，對人類來說都很重要。欽佩、興奮等正面情緒對人類有重要的作

用。例如，興奮會促進探索和創造力，欽佩會加強社會連結和支持。[25] 此外，正面情緒有助於提高恢復力和生活滿意度、減輕壓力、改善免疫功能。

憤怒、悲傷、焦慮、恐懼等負面情緒對人類也有重要的作用。例如，憤怒會讓人意識到必須採取行動、做出改變，悲傷會促進社會連結和支持，焦慮會促使人躲避危險，恐懼則會促使人遠離潛在的危害。[26]

像這樣，情緒與體驗有著密切的關係，情緒會對個人和群體產生影響，而我們無法斷定哪種情緒一定會帶來正面或負面影響。讓我們來看看進入人工演化期的人類、實現擴展的智人的情緒，今後會發生哪些變化。

擴展情緒

　　人類的情緒會在人類實現人工演化後，發生兩大變化。**第一，就算是經歷相同的體驗，人們感受到的情緒會與現在不同。**讓我們來看看現在的養育者在經歷前一小節盧塞羅的 22 種體驗中的照顧體驗時，會感受到什麼樣的情緒。如果去看考恩和克特納定義的 27 種情緒，在照顧幼兒的過程中，父母會在與孩子交流、創造各種回憶時，感受到「喜悅」；當孩子成長、人格形成時，會感到「敬畏」；如果在扶養孩子的過程中，與被養育者遇到身體上、精神上的困難，會感到「悲傷」；在與其他養育者分享這些體驗時，會感受到「同理的痛楚」。

　　實現人工演化的人類，會在經歷同一種體驗時感受到與現在不同的情緒。我們來回想一下在前幾個小節中登場過的萊斯利。我們曾在前面提及，由於身體覺察能力得到擴展，萊斯利在照顧其他人時，將能與 AI 對話、獲得大量的資訊和知識，提高對兒童發展和育兒策略的理解度，並利用腦機介面，輕鬆地與各種支援育兒活動的設備和機器人進行互動。

　　那麼，在經歷「照顧」體驗時，未來的養育者感受到的情緒，是否會與現在的養育者一樣呢？未來的養育者將能利用各種穿戴式裝置、腦機介面和生物技術，更仔細地了解子女的身

體和精神成長的情況，並從多個角度解釋各成長階段具備的意義。因此，未來的養育者將會感受到更強烈的「敬畏」情緒。此外，由於在扶養子女的過程中，會得到各種自動化設備的幫助，未來的養育者會感受到比較少身體上、精神上遇到的困難所帶來的「悲傷」。但如果考慮到「悲傷」這個情緒有助於促進社會連結和支持，在扶養的過程中感受到的悲傷減少未必是件好事。

第二，人工演化將有助於人類更深入地分享彼此的情緒。義大利神經心理學家賈科莫・里佐拉蒂在一項實驗中發現，獼猴腦中有一種神奇的神經元。研究人員發現，猴子在伸手拿花生前，額葉某個區域的神經元會被活化。研究人員又觀察了當猴子看到研究人員伸手拿花生時，猴腦會有什麼反應。他們發現，猴腦同一區域的神經元居然被活化了。無論是自己伸手拿花生，還是看到別人伸手拿花生，猴子的大腦都做出了一樣的反應。此外，研究人員在其他實驗中發現，當猴子看到其他猴子吃花生，或聽到剝花生的聲音時，大腦的同一個區域也會被活化。研究小組後來對人類進行了類似的實驗。無論是看到別人的表情或手勢，還是自己做出表情、擺出手勢，都是同一個大腦區域被活化。里佐拉蒂將透過這些實驗發現的神經元命名為「鏡像神經元」。[27]

鏡像神經元會對人類活動產生許多影響。無論是模仿、學習其他人的行為，還是只聽說明就能理解其他人所處的情況，

都與鏡像神經元有密切的關係。多虧了有鏡像神經元，人類能理解自己沒有親自做過或親眼看到的事情。我們會在看電影或電視劇時，對主角所處的情況產生共鳴；讀小說時，則會一邊在腦中描繪小說中的情景，一邊把書中人物當作這個世界上真的存在的人，跟著他們的步調把書讀下去。這些情況也都與鏡像神經元有關聯。

如果人類獲得鏡像神經元之上的能力，例如能夠利用生物技術增強鏡像神經元，運用腦機介面監測鏡像神經元的活性，並透過元宇宙和 AI 傳遞可以活化鏡像神經元的各種體驗和情緒，這個世界會發生什麼樣的變化呢？

從個人層面來看，我們將能更了解其他人的感情和情緒狀態、變得更有同理心。這會對心理健康和人際關係產生巨大的影響。從社會層面來看，隨著鏡像神經元發展，今後將會形成一個更具凝聚力和同理心的共同體。如果一個人變得更善解人意、當別人有需求時願意予以協助，那這個人將會變得更容易做出有利社會的行為，例如幫助別人、促進社會正義。而這將會使社會成員關係更緊密、更願意互相支持，並使社會變得更公平且具有永續性。

這也會影響人類與其他物種的關係。如果人類變得更了解動物的認知和情緒能力，那人類會比較有可能承認動物的內在價值，並且更憐憫、尊重動物。此外，人類會進一步意識到人類的行為會對大自然造成影響，並為動物福利和動物保育付出

更多努力。

　　人類已經開始在測量個人的情緒並將其數據化了。讓我們來看一下 Memento 的實驗。[28] 這個實驗研究的是以情緒為基礎的穿戴式生活記錄系統。生活記錄指記錄、儲存、有時分享日常生活中的各種體驗和資訊的活動。現代人常用的社群媒體就是一個代表性的例子。

　　研究人員在這項實驗中，開發了一種會在分析腦電波圖（Electroencephalogram，EEG）後，推測並自動記錄使用者情緒的生活記錄系統。為了做到這一點，Memento 將用於收集腦波的電極整合到了智慧眼鏡。

　　Memento 主要由訊號處理模組、生活記錄收集模組和情緒辨識模組組成。訊號處理模組會讀取腦波訊號。當訊號處理模組偵測到情緒，生活記錄收集模組會開始進行生活記錄。智慧眼鏡上的相機和麥克風會收集影像、影音資訊。最後，情緒辨識模組會把生活記錄和辨識到的情緒進行匹配。Memento 將人類的情緒分成恐懼、失望、悲傷、滿足、喜悅、幸福。Memento 會分析一部分的額葉腦波來判斷人類的情緒。Memento 的生活記錄性能評價結果顯示，其收集到的生活記錄中，有 80％符合使用者的預期。Memento 以後新推出的生活記錄系統應該還會結合膚電反應（Galvanic Skin Response，GSR）等各種感應器，或能利用表情辨識技術來判斷他人的情緒。

　　各位可能會覺得這種方式太直接、太技術性而感到抗拒，

但隨著 Memento 這類的科技發展，人類將會開發出能測量並分享情緒的系統。當然，要對這種系統的用途和用法達成社會共識應該不容易。

社會評論家傑瑞米・里夫金在其著作《同理心文明》中說明了人類的同理心意識會隨著人類的成長發生哪些變化。[29] 人類會在 4 ～ 5 歲時開始理解社會相互性的概念，6 ～ 7 歲時開始認識到他人的痛苦並對此做出反應。到了 8 歲，會開始感受到社會義務感，並了解到維持友誼、不傷害他人的重要性。到了 10 ～ 12 歲，會開始以抽象的方式進行道德思考，關注的範圍會從個人擴展到廣闊的社會和世界。進入青春期後，情緒反應會變得更微妙，因此能更細膩地分析他人表達的情緒。到了青少年時期，人類會進入同理心意識發展成熟的階段，在情感和認知方面關注其他人的存在。

最成熟的同理心反應是能將整個群體或所有動物的痛苦，當作自己的痛苦來經歷、感受。這種「同理心普及」能促進「普遍意識」形成，使所有存在的體驗和情緒連結起來。同理心能使人更深入了解自己、他人和周圍世界，並且會為更多的憐憫之心和社會變化打開大門。里夫金強調，唯有形成全球共識和意識，才能克服戰爭。人工演化將會加快里夫金強調的「同理心普及」的速度。

隨著實現人工演化，人類能獲取的知識和資訊將會變得更廣更深。人類也將能在對某種情況做決策時，得到 AI 的幫

助。因此，許多人會期待人類以後變成一種極為理性又合理的
生物，能做出最佳決策。但我不這麼認為。人類在做決策時，
並不會只基於知識和資訊進行客觀的分析。除了客觀的分析之
外，人類在某種情況下感受到的情緒和人類看待那個情況的道
德直覺也都會在人類做決策時發揮作用。

　　美國哲學家羅伯特・索羅門主張，情緒會在人類做決策時
發揮重要的作用，我們不應該視情緒為阻礙理性和自主性的因
素。索羅門批判了認為「情緒不合理且無法控制」的傳統哲學
觀點，他主張人類可以透過練習和反思，來培養情緒控制力。
索羅門還主張情緒會反映並塑造一個人的道德認同，強調了情
緒和道德人格之間的關係。[30] 我們不應該視人類的情緒為不理
性、不合理的存在。情緒反而能使人類找到更有道德、更豐富
的人生道路。

　　情緒並非只是慾望和體驗的產物，它還是用來評估人類與
世界互動的結果，並做出應對的基準。隨著這個過程不斷反覆，
情緒會成為自我和自我認同的基礎。[31]「人類不是有感覺的思
考機器，而是會思考的感覺機器。」這是神經科學家安東尼歐・
達馬吉歐曾說過的一句話。大量的人工演化技術將使人類的思
維擴展得更廣更深。希望情緒的價值不會在這樣的過程中被人
類忽視。除非人類希望透過人工演化讓人類變成先進機器，不
然情緒的價值應該會在人工演化期更加發光發熱。

第三部分
關係將產生變化

　　人際關係是對人類生活產生最多影響的因素。人類生活的品質取決於人際關係的品質。美國疾病管制與預防中心（CDC）指出，現代人罹患精神疾病的主要原因為受虐經歷、孤獨感、孤立感、酗酒和藥物濫用問題。綜觀這些因素，會發現人際關係是主要原因，酗酒和藥物濫用問題則是次要原因。一個人會有物質成癮問題，很多時候都是因為人際關係出了問題，為了麻痺人際關係問題帶來的情緒痛苦而依賴某些東西。讓我們來看看「關係」對人類來說有什麼意義。

　　「假設接下來的一年，致命病毒擴散到了全球。疫情爆發一年後，地球上的人類全部滅絕，只剩下一名倖存者。不曉得這算不算是不幸中的大幸，最後一名倖存者對病毒產生了免疫反應，因此不會變老，也不會生病。他成了不死之身。而那個倖存者就是各位。現在，各位是地球上僅存的唯一一個人類。那麼，各位今後會怎麼活下去呢？請各位分享一下自己接下來會如何生活。」

　　這個問題是我會在課堂上問學生們的問題。目的是為了讓學生們思考人類與其它存在之間的關係對人類來說有什麼意義。對於這個問題，學生們的回答有很多相似之處。首先，有很多學生都表示自己會先到附近找找看還有沒有其他人，確認倖存者是不是真的只有自己，然後會去尋找住處和需要的物質資源。到這裡，大家的回答都差不多。但接下來就很有意思了。

　　學生們說，他們會去找人類以外的其他生物陪伴自己。有

不少學生說，他們會去找小貓、小狗或其他適合一起生活的動物，並種植各種植物。學生們會在這個時候加上「時間」這個要素。他們說，他們會去看過去的人類是怎麼生活的。也就是去看各種被遺留下來的影像和紀錄，回顧人類的生活。接著，他們會試著去記錄自己的生活。他們會帶著一絲「也許以後會有其它人出現或找上門來」的希望，並產生「要將自己，也就是最後一個人類的生活記錄下來、留給其他人」的使命感。這種行為是在展望未來。

簡單地說，學生們一開始關注的是空間，接著會擴大其關注的生物範圍，最後關注時間。並不是所有的學生都給出了一樣的回答，但很多學生都是按照這個順序描述只剩下自己時會怎麼生活。而我認為，這些回答的重點在於「關係」。

許多人擔心科技無限發展，可能會導致人與人之間的關係減弱或斷絕。也有人悲觀地認為，所有人類最終都會陷入孤立。但我遇到的學生在描述只剩下自己的世界時，都描繪出了完全相反的世界。沒有人夢想這個世界只剩下電腦和自己。在現實生活中只剩下自己一個人時，人們最渴求的就是關係。科技的發展能使人際關係到達另一個境界，但人際關係不會就此消失。讓我們來看看人際關係今後會朝哪個方向發展。

在此之前，我希望讀者們不要有誤會。我會在第三部分和第四部分中說明關係和行為今後會發生哪些變化，有的讀者可能會在讀過之後表示「這不是未來將會發生的變化，而是早就

己經發生的事情」，有的讀者則可能會搖頭表示「我和我身邊的人都沒有遇過這種情況」。第三部分和第四部分中描述的變化並不是會透過法律或制度，強制規定必須在某個時期發生的一場革命。人工演化已經開始了，我談論的變化對某些人來說是正在發生的事情，對某些人來說可能是難以想像的未來。但能確定的是，全世界都實現人工演化的日子將會比我們預期得早到來。

第 7 章

家庭

幸福的家庭都是相似的，

但不幸的家庭各有各的不幸。

——列夫・托爾斯泰，《安娜・卡列尼娜》

　　家庭是人類社會最小的組織單位。目前沒有明確的證據能證明人類是從什麼時候開始建立家庭的。不過，有幾個理論說明了人類建立並維持家庭的背景。在早期人類社會，人類很有可能為了收集糧食、建造住所並保護自己免受危險，而需要他人的幫助。於是人類建立了家庭，成員們開始收集資源、分擔責任，此後人類變得比較容易在惡劣的環境中生存與繁衍。[1]

　　也有人認為，家庭是早期人類群體為了規範性行為、謀求社會穩定而發展出來的工具。也就是說，有人認為家庭建立了關於性行為和結婚的規範和規則，而這有助於預防衝突發生，並促進共同體內的社會和諧。此外，家庭是傳承人類群體的文化傳統和價值的最小單位，其有助於維護群體的文化認同和文化傳承。讓我們來看看進入人工演化期後，人類群體的家庭會發生什麼樣的變化。

相伴一生

　　讓我們來看看在現代的人類社會，家庭有哪些特性。從財務角度來看，與單身或未組成家庭的個體相比，組成家庭的個體有收入較高和積累財富的傾向。與單身人士或同居情侶相比，以夫妻為核心的家庭收入較高、積累財富的可能性也較高。除了財務穩定性之外，健康程度也比較高。[2]

　　不過未組成家庭的個體在選擇生活方式和做決策時，有比較高的自主性和獨立性。由於沒有來自家庭生活的責任和義務，他們可以更自由地追求自己的利益和目標。

　　從社會角度來看，家庭是重要的社會支援網路。當人們遇到壓力或危機時，家庭會提供情感支援和實質支援。此外，家庭成員會受到家庭內部共享的傳統、價值和信念的影響，產生最小單位的文化認同。

　　未組成家庭的個體可能會經歷較大的社會孤立感和孤獨感。孤獨感防治活動相關報告顯示，孤獨感可能會對身體和心理健康產生嚴重的負面影響，而且其有可能會導致罹患憂鬱症、焦慮、認知功能下降的風險增加。

　　像這樣，對現代人來說，家庭這個群體具有相互矛盾的價值。隨著文化和社會體系發生變化，未來也許會出現各種不再

依賴於生物同質性的家庭型態，不過家庭這個最小的組織單位並不會消失。家庭的內部關係今後將會出現兩大變化。

第一，家庭成員的獨立性和個人主義會變強。在傳統社會，家庭成員是傳承社會習俗、文化和知識的最小群體。在狩獵採集時代，父親會在狩獵結束回家後，告訴孩子們那天打獵時發生的事情，並傳授狩獵技術給子女；在媒體還不發達的時代，家長會在下班回家後，告訴家人外面的世界發生了哪些事情。但隨著機器設備發展、媒體變得多樣，這種時代已經畫下了句點。

舉例來說，當我們讓幾個 10 ～ 40 歲的人把自己知道的火星探測計畫資訊和資訊來源畫成心智圖時，會發現沒什麼差異。心智圖是一種把想法和資訊整理成圖像的筆記法。畫心智圖時，會先在紙張正中央寫下核心關鍵字，然後以這個關鍵字為中心畫出分支、寫下下位想法，接著再以那個下位想法為中心畫出分支、寫下更下位的想法。無論是上班族、從事經濟活動的成年人，還是正值青少年時期的學生，其資訊和知識獲取方法和獲取量並沒有差異。

這種變化直接為家庭內部的決策結構帶來了改變。例如，以前家裡要買高額的高度涉入商品（如房子、汽車、家電）時，理所當然地都是由父母做決定。但近幾年，越來越多十幾歲的子女會在家長做這種決策時表達自己的意見。就連沒有公民投票權的年幼子女，也都會向父母表達他們對政治的看法。我拿

到公民投票權時網路還沒問世，因此每到大選前夕，父母都會強烈表達自己的意見，要我投給某個候選人。我不了解外界的情況，所以都會認真聽取父母的意見。畢竟我不敢表示自己知道的比父母多。但我最近遇到的國高中生都會毫無顧忌地對國內政治、環境、國際局勢等議題，發表自己的意見。

過去，在家庭裡，父母的權威來自血緣關係、知識、思考能力和經濟能力，但現在的子女比父母擅長控制擴展的精神，因此子女正漸漸以更快的速度，在知識和思考能力方面超越父母的權威，並且在經濟能力方面也開始出現了類似的情況。相關內容我們會在下一個小節中仔細探討。

隨著認知能力得到擴展，子女變得能與父母平等地交換意見。此外，隨著對兒童人權的社會意識和父母的認知能力提升，正如我在第 6 章中所說的那樣，人類會變得更懂得尊重他人、更具同理心，家庭成員將把兒童也視為同等的個體。在這樣的情況下，家庭成員會變得越來越以自己的世界觀為中心，並強調獨立性和個人主義價值。

第二，越來越少家庭其成員會共享一個居住地，但家庭成員之間的共同體意識並不會下降。傳統家庭會共享物理空間，以維護家庭成員的共同體意識並提高成本效率。但如同前面所述，隨著獨立性提升、個人主義變強，未來會有越來越多家庭其成員住在不同的居住地。

不過，意識到「家庭成員共存」的這種情感團結（Emotional

Solidarity）並不會減弱。這是因為隨著人類的身體和精神擴展，能形成情感團結的管道會變得更多樣。意識到「人類與他人共存」的這種情感團結取決於成員之間互相信任、產生共鳴（理解對方的情緒並提供情感支援）、溝通、分享經驗（一起度過的時間）、相愛和發生肢體接觸等的程度。

讓我們透過幾個例子，來看看這些因素在實現擴展的人類家庭裡會出現哪些變化。在相愛和發生肢體接觸方面，人類將能使用遠距臨場感裝置，就像前文提到的萊斯利使用實體虛擬化身那樣。即便人在遠處，人類也將能使用遠距臨場感裝置讓家人出現在眼前，並使用遠距觸覺傳遞裝置握住對方的手。人類會越來越普遍地利用科技重現平時透過五感感受到的共存感。人類還將會開發出能讓使用者覺得自己彷彿與出差到遠方的伴侶在同一個房間入睡的設備，並遠距操控機器人來照顧家人。

此外，產生共鳴和分享經驗的方式今後也會增加。家庭成員將能「把時間儲存下來」後，分享自己的生活和經驗。如前面所述，人類從很久以前開始，就已經會與其他家庭成員共享分開時的記憶，形成情感團結了。隨著生活記錄無限發展，我們將能把一個人的一天原原本本地存下來，然後讓其他家庭成員像是真的變成了那個人一樣，感受那些記憶。要做到這一點，就必須用到各種技術。讓我們來看一下其中一項技術。為了儲存一個人的時間，儲存裝置的使用量會增加。近十年來儲

存裝置的價格降到了過去的十分之一左右，這種趨勢今後還會持續下去。近幾年，購買大容量儲存裝置或利用雲端服務的使用者正在增加，其中有很多使用者是為了與分居的家人共享照片和影片。

以我們家為例，我家 23 歲上下的兩個孩子都住在其他地區，所以全家人一個月大約只有一次會聚在同一個物理空間裡。我家人平時會用社群媒體和群組分享日常生活，並開視訊聊天。這種生活過久了後，有家人表示「大家好像比住在同一個屋簷下時更常聽到彼此的消息了」。

人類目前還處於家庭成員在科技的發展下形成情感團結的早期階段。因此，我們現在可能會覺得隨著家庭結構和生活環境發生變化，人類的家庭似乎在瓦解、情感團結程度似乎在下降，但從長遠來看，身體和精神實現擴展的家庭成員今後將會透過更多管道來加強情感團結。

簡言之，個別家庭成員的獨立性和個人主義生活方式今後將會增加，但由於認知能力擴展，家庭成員的共存感反而會提升。即便家庭成員分居、成員人數減少，人類的最小群體「家庭」也只會發展成其他型態，並不會瓦解。未來的家庭成員反而會比現在更緊密地團結在一起，並在變得越來越漫長的人生中，高度發揮「家庭」這個成員互相依靠的最小群體的作用。

父母將消失

進入人工演化期後，父母在家庭內扮演的角色將會發生哪些變化？父母的作用和父母在家中的地位將會在兩個方面發生變化。

第一，對於父母在家庭內扮演的角色，國家的介入會進一步加劇。人類社會和國家體系從狩獵採集時代發展到現代，在此過程中國家逐漸取代了原本由家庭成員扮演的角色。在狩獵採集社會，家庭發揮了各種功能，包含讓子女社會化、照顧病人和老人、提供食物和住所。

但隨著社會變得越來越複雜、越來越專業化，社會和國家機關漸漸執行起了這些任務。發生這種變化的早期例子可以在農業社會中找到。隨著農業發展，定居村落和複雜的社會階級出現了。在這樣的社會中，國家開始承擔起原本由家庭執行的任務，如糧食供應、保護、司法、行政、貿易管制等。

接下來，工業革命爆發、資本主義盛行，國家開始介入所有的社會服務領域，包含教育、醫療和福利。政府建立了公立學校、醫院和其他機構，國家取代的家庭功能範圍逐漸擴大。[3]

現在，隨著科技快速發展，國家在掌握家庭成員們的各種資訊後從公共層面介入的領域將會進一步擴大。這是因為就像

國家至今在教育或醫療領域所做的那樣，國家可以透過擴大管理對象的規模，來提高經濟效率，並透過社會體系，來保護在家中未確實受到照顧的成員。也就是說，國家將會介入越來越多原本由家庭成員自行解決的事情。

第二，隨著人類的生命週期和家庭成員的社會角色發生變化，父母的地位也將會發生改變。以過去的已開發國家為基準時，一個人的人生大致上可以分成三等分。許多人會將人生的前三分之一用來學習，接下來的三分之一用來從事經濟活動、養家活口，最後的三分之一淡出經濟活動、用來休息並享受休閒時間。

但隨著人類壽命延長、生命週期改變，工作時間和退休年齡正在出現變化。由學習、經濟活動和休息組成的這三等分已經開始在瓦解。讓我們來看看會出現這種變化的背景。

工業革命爆發後，大部分國家勞工的年均總工時呈現減少趨勢。越是已開發國家，這種現象越明顯。「用數據看世界」（Our World in Data）公布的數據顯示，若比較 1870 年和 2017 年的每人年均總工時，丹麥從 3,434 小時減少至 1,400 小時，減少了 2,304 小時；美國從 3,096 小時減少至 1,757 小時，減少了 1,339 小時。工作時間增加的國家中，增加最多的國家為柬埔寨，其每人年均總工時從 2,191 小時增加至 2,456 小時，增加了 265 小時。此外，包含發展中國家勞工在內的全球勞工的年均總工時正在減少。

　　人類的勞動參與時間（工作年資）發生了哪些變化呢？羅馬時代，為了讓軍團兵服完二十年的兵後退休時能得到支援，羅馬皇帝奧古斯都制定了退休金計畫。當時的退休年齡為 38 歲左右。以 20 世紀初出生的人為基準時，男性和女性的平均壽命分別只有 46 歲和 48 歲。人類過去的退休年齡和壽命根本無法與現在相比。

　　隨著壽命延長，人類能不再工作的年齡正在不斷延後。據說，人類退休前在職場度過的時間為 40～45 年，退休後還得再工作 15～20 年。在此情況下，子女和父母同時從事經濟活動的時間過去為十年以內，但近幾年這個時間正呈現增加趨勢，而且未來還會變得更長。舉例來說，在人們 28 歲就業、30 歲結婚生子、65 歲退休的時代，子女和父母同時參與勞動的時間只有 7 年。然而，如果到了 28 歲就業、35 歲結婚生子、88 歲退休的時代，子女和父母同時參與勞動的時間會增加到 25 年。

　　由於醫學和生物技術高度發展，人類就算到了老年，也會比現在更容易維持身體健康，因此能參與各種生產活動。另外，人類還能借助搭載機器人技術的人體增強設備，根據需求進行繁重的體力勞動。這裡說的人體增強設備指能幫助穿戴在身上的使用者強化肌肉力量、節省體力並長時間活動的裝置。除了能增強使用者的肌力和體力的裝置，人類還在開發能讓視力、聽力、嗅覺等感覺器官能力超越人體極限的裝置。[4]

　　隨著父母和子女同時從事經濟活動的時間加長，家庭內的角色和權限今後會發生變化。父母作為主要養育者承擔所有經濟負擔並壟斷決策權的時代將會結束。父母和子女將會在經濟體系內變成平等的經濟主體，有時甚至會在社會中形成競爭關係。

　　前一小節中曾提到，個別家庭成員的獨立性將會提升、個人主義將會變強，這種現象也會使父母的角色發生變化。在人工演化期的人類家庭中，父母會扮演類似於「良師益友」（Mentor）的角色，家庭成員之間的關係會變成水平關係。視彼此為獨立的個體、互相尊重的文化將會變得更加牢固。

　　我們的身邊其實早就已經有這樣的家庭了。如果去看 90 歲的子女和 110 歲的父母，就會覺得他們就像朋友一樣。各位的家庭會怎麼樣呢？如果各位和各位的父母能再活 100 年，各位的家庭會是什麼樣子呢？

第 8 章

組織

無論是何種群體，若不直接與他者對立起來，

便無法把自己確認為主體。

他們將全力以赴。

　　　　　　　　　　——西蒙・波娃，《第二性》

　　在探索人類的內心時，如果去觀察男性和女性的差異，會發現一些非常有趣的事情。當男性和女性有任務必須完成而需要設定目標、制定目的時，男性的目的通常是快速實現目標，也就是快速取得成果，而女性的目的中常常會包含朝目標前進時會經歷的事情和情緒。

　　舉個簡單的例子。這種現象在逛百貨公司時特別明顯。男性往往會迅速決定要買什麼東西，並且會想走最短的路線盡早結束購物，但女性在購物時常常會享受與同伴、百貨公司員工，甚至是在百貨公司擦身而過的陌生人產生的各種關係。也就是說，賦予在購物過程中產生的關係意義並感受情緒，是女性購物的目的之一。

　　那麼，組織重視的通常是目標還是目的呢？工業化後，企業的主要價值都變成了實現股東的利潤極大化和提高生產效率來提升客戶滿意度。我並不是想說這種價值不好，只是在這種情況下，個別企業通常不會在成長的過程中思考自己為什麼要

追求這種價值。並不是只有企業才有這種特性，所有的人類都有這樣的特性。工業化後，人類有了目標，但放棄了目的和意義。

集體主義是傳統組織文化的核心，為了實現群體追求的明確目標，忠於職守即為個人的美德。這時，組織對個人的意見和感受通常會欠缺顧慮。讓我們來看看原本比起個人的意見、感受和目的，更重視群體目標的人類，在實現人工演化後會發生哪些變化。

個人將復活

　　荷蘭的社會心理學家吉爾特・霍夫斯塔德對多國的文化類型差異進行了研究。他研究了跨國企業 IBM 分布於全球各地的的子公司會因為所屬國家而有哪些差異。霍夫斯塔德之後又對其他組織進行了進一步的研究，最後提出了「五個文化維度」理論（Five Dimensions of Culture）。[5]

**　　第一個維度是權力距離指數（Power Distance Index，PDI）。**權力距離指數指組織中權力較低的成員對權力分配不平等現象的接受程度。組織的權力距離指數越低，成員之間的關係越水平、越民主。

　　據說中世紀人口中，約有 90％的人口為農民或農奴，他們受土地的束縛，必須聽從領主的命令。他們會在小村莊耕種土地，幾乎沒有提高身分地位或接受教育的機會。其餘 10％的人口為貴族和神職人員，他們掌控社會大部分的財富和權力。貴族們住城堡或宅邸，享受教育、文化、休閒活動和奢侈的特權生活。也許有不少人對這種不平等現象感到不滿，但也有不少人生來就活在這樣的環境，所以自然地接受了這種情況。因此，中世紀的權力距離指數比現代高。

　　後來，歐洲地區以威尼斯、佛羅倫斯等都市為中心，出現

了透過貿易業、銀行業和製造業積累財富的中產階級。這個新的階級挑戰了傳統的封建秩序，並在歐洲的資本主義發展的過程中發揮了重要的作用。

　　第二個維度是個人主義與集體主義。在個人主義文化中，成員重視其社會角色的決定權、個人的權利和成就感。在集體主義文化中，成員一生都隸屬於某個組織，驅動成員做出決定和行動的是群體，而不是個人。從心理學角度來看，我們很難將一個群體裡的成員逐個進行分類，判斷哪個成員是個人主義、哪個成員是集體主義。而且就算某個組織的集體主義指數比較高，其個別成員可能各有各的特質。[6]

　　第三個維度是不確定性規避。在這個指數較高的組織中，成員們會盡量減少不可預測的情況，並重視成員應該遵守的規範和制度。成員們會希望組織能下達明確而沒有變動的指令。相反地，這個指數較低的組織會盡可能少制定規則，並鼓勵成員們積極應對變化。

　　第四個維度是男性化與女性化。男性化以競爭、成就為中心，女性化則強調人際關係、關懷、妥協和生活品質。有人認為這種說法可能會造成性別偏見，因此這個維度又被稱為「生活數量與生活品質」。

　　第五個維度是長期導向與短期導向。長期導向的組織相當重視未來，強調組織層級、緊密的關係和堅持。而短期導向的組織比較沒有節約、儲蓄的習慣，強調短期工作效率。許多人

在說到短期導向文化指數較高的例子時，都會提到過去的阿拉伯文化圈。因為在石油被人類用作資源之前，阿拉伯地區土地貧瘠、資源匱乏，比起農業和製造業，阿拉伯人集中發展了貿易業，而在難以收集、分析各國資訊的情況下，阿拉伯人只能透過短期計畫來推動貿易業。

讓我們來看看在進入人工演化期後，霍夫斯塔德就文化類型差異提出的五個維度會出現哪些變化和傾向。首先，讓我們來看看「個人主義與集體主義」指數會發生哪些變化。

科技的發展很有可能會導致組織內的個人主義指數變高，集體主義指數變低。因為隨著自動化和 AI 系統廣泛且深入地滲透到各種任務，比起群體的體系和團結，人們在執行任務時會更強調個人的能力和判斷。此外，由於個人能獲取的知識和資訊變龐大，組織成員將能更關注並深入判斷組織提出的群體目標是否妥當。受此影響，今後將會有越來越多人努力發聲，讓個人的判斷和價值觀能反映在群體目標上。

隨著組織成員會在執行任務時操控、管理各種技術和設備，個人的權力和權限將會進一步擴大。在這種情況下，人類個體會在組織內感受到更強的獨立性。未來的人類在執行任務時，比較不會有「如果不是這個組織的一員，我應該沒機會做這件事」的想法。此外，獨立性強的個體將會聚集在一起、形成組織（企業）。

個人主義意識較強的人與集體主義意識較強的人今後應該

有一段時間會產生衝突。此外，人類社會應該還會出現搞混個人主義和利己主義的現象。利己主義指在組織內逃避自己的責任，且不管組織成果，只顧自身權利的行為。但在集體主義意識較強的組織中，如果有人強調自己的權限和獨立性，可能會有人誤以為這是利己主義行為，認為這個人在逃避為了實現群體目標個人應負的責任。

社會學家艾彌爾・涂爾幹指出，在現代社會中，個人主義使人們更能表達自我、更自由。但利己主義指的是不關心他人並無視自己與他人的關係。為了防止個人主義變成利己主義，我們必須在個人主義、社會責任感和凝聚力之間取得平衡。[7]

隨著個別成員的權力和權限擴大，成員之間權力不平衡的現象未來將會得到緩解，認為權力不平衡現象不合理的意識也會提升。此外，隨著組織內的交流與社會互動透過數位媒體變得越來越頻繁，傳統組織層級的必要性下降、個人的表達機會進一步增加也都會對這樣的變化產生影響。也就是說，權力距離指數整體上會呈現下降趨勢。

腦機介面和生物技術的發展將會影響與不確定性規避、長期導向有關的文化差異。例如，如果人類變得能更好地控制自己的大腦功能，那承擔風險、應對變化的能力和信心將會增加，因此人類今後會靠個人的能力和判斷來消除不確定性，而不是依賴群體的長期目標。不確定性規避指數今後將會下降，組織成員們將會愛上在發生變化時能主動做出應對的自由。

　　本節探討了霍夫斯塔德提出的五個文化維度中的個人主義與集體主義、權力距離指數和不確定性規避。綜上所述，今後個人主義會變強、權力距離指數會下降、個別成員接受不確定性的傾向會增強。這意味著個人今後將能在組織內更加展翅翱翔。

　　接下來，我將會結合霍夫斯塔德提出的五個文化維度中的男性化與女性化、長期導向與短期導向的發展方向和組織內部的情緒，為各位進行說明。

情緒是一種成本

我曾在第二部分中提到，人類的內心由慾望、體驗和情緒這三個要素交織在一起。在傳統的組織文化中，「慾望」是組織的主要管理對象。組織提供給成員各種獎勵，主要是為了滿足成員的慾望。相比之下，成員會經歷的體驗和由此產生的情緒欠缺管理。

從長期來看，這種情況將會迎來兩種變化。**第一，如果未能充分管理成員的情緒，組織在提高生產力、降低成本時會出現負面影響。**英國的心理健康慈善組織「心靈」（Mind）於 2020 年發布的報告指出，英國企業因員工心理健康問題而損失的生產力為每年 260 億～ 290 億英鎊（約新台幣 1.02 兆～ 1.1 兆元），員工因心理健康問題離職而產生的費用則為每年 68 億英鎊（約新台幣 2,687 億元）。

如同第 4 章中所提及，「社會接觸」是人類的 16 種基本慾望之一。實現人工演化後，組織成員的社會接觸方式將會變得比現在多樣，接觸總量也會增加。在這樣的情況下，成員們可能會在傳遞自身情緒、理解對方情緒的過程中感到更疲勞。在工作環境中消耗較多情緒的成員會比較容易陷入「倦怠」（Burnout）狀態。

　　倦怠指因為慢性壓力或長期過勞而導致情緒、精神和體力枯竭的狀態。這最終會對成員造成負面影響，如在群體中感受到分離感、變得憤世嫉俗、成就感減少。[8] 因此，在組織利用科技增加成員們的社會接觸的未來，管理成員情緒以避免成員倦怠這件事會變得比現在重要。

　　第二，對於消耗個人情緒，組織成員們的反感將會增加。成員們在組織內一起工作的時間正在變得越來越短。以美國為例，2016 年的五年內離職率為 34％，2017 年為 42％，2018 年為 51％，呈增加趨勢。2020 年的年均工時為 4.1 年左右。

　　隨著各種技術在組織內迅速擴散開來，工作環境今後會改變得更快，平均工時則會變得更短。在這種情況下呼籲「我們今後將長期共事，所以就算要犧牲彼此的情緒，我們也應該好好相處」，要求成員消耗大量的個人情緒是行不通的。

　　這與個人主義文化的形成也有關聯。在重視群體目標的集體主義時代，雖然組織未充分管理成員的個人情緒，成員們卻沒有對這種情況有強烈的不滿。但隨著個人主義文化在組織成員之間擴散，組織掌握並尊重成員情緒的體系的系統化程度，將會成為衡量一個組織是把組織成員當作資源還是當人對待的重要指標。

　　在這樣的情況下，組織今後將會更加善用尖端科技來掌握與管理成員的情緒。例如，組織可以利用腦機介面和表情辨識技術來測量成員的情緒，以提升生產力。可能會有讀者訝異同

理心和生產力之間居然有直接關係，所以我來為各位介紹一個有趣的實驗。這項實驗探討的是組織成員的他人情緒掌握能力與組織生產力之間的關聯性。研究小組對 272 名實驗對象進行了「眼神讀心測驗」（Reading the Mind in the Eyes，RMET）測試，也就是給實驗對象看過一個人的眼睛照片後，讓他解讀那個人複雜的情緒狀態。研究小組還將實驗對象分成 68 個小組後，分配了他們必須合作完成的任務。這項實驗分析了擅長透過照片讀出對方情緒的參與者，是否會在與其他人合作時取得更好的成果。

實驗結果顯示，擅長讀出他人複雜情緒的參與者取得了較高的工作績效。有趣的是，無論是面對面合作，還是利用數位設備進行遠距合作，測試分數較高的人都取得了較好的成果。這意味著，無論是不是面對面接觸，衡量一個人有多了解他人情緒的人際關係敏感度越高，就越能準確地讀出對方的想法，並在決定該如何行動時做出更好的決定。[9]

如果將這個實驗結果反映到整個組織上，我們可以訓練組織成員們讀懂彼此的情緒，或利用數位裝置加強成員讀懂對方情緒的能力。情緒今後會變成組織的主要管理對象和資源。

簡單地說，未來的組織會投入更多資源來管理成員的情緒，組織成員則會變得比現在不願意從事需要消耗較多情緒的工作或建立這類人際關係。受此影響，大量消耗或無視他人情緒、不懂體諒他人的成員會很快在組織中失去立足之地。

　　傳統的組織就像一個只有慾望和體驗而沒有感情的東西。但對人工演化期的人類來說，情緒會變得更有意義和價值。因此未來的組織會演化成擁有感情的「生物」。

有別於他人才能存活下來

　　人類大約在一萬年前引進了農耕和養殖技術,農業、畜牧業、工藝品生產等專業的工作隨之發展了起來。18、19 世紀,工業革命爆發,這是工作史上的一大轉折點。隨著科技和機器發展,原本手動執行的工作實現了機械化。蒸汽動力、紡織機和生產線大幅提高了生產力和效率,但也導致工作機會消失、傳統工藝產業衰退。

　　20 世紀,自動化和機器人學在製造業興起,像汽車製造業這種將焊接、塗裝、組裝等任務都交給機器人執行的產業流失了更多工作機會。2010 年至 2019 年,全球的工業機器人使用量增加了 85%。

　　近年來,隨著 AI 和自動化設備持續發展,客服、金融、醫療等各種產業的人類勞動力正在被機器取代。根據麥肯錫全球研究院的報告顯示,目前人類勞動力的 50 ～ 60% 將輕易地被機器取代,到了 2030 年,自動化和 AI 最多可能導致 8 億人失業。[10]

　　從工業時代到現在,機器持續取代了人類。如果去看組織內部的取代情況,就會發現有一個共同點。那就是當某份工作需要大量的人力執行相同的工作內容時,機器便會取代人類。

　　無論是工業革命時期的機器設備，還是製造業的生產線設備皆是如此，近幾年服務業也出現了類似的趨勢。

　　在美國，線上銀行和行動銀行的使用者數自 2010 年持續增加，但銀行分行數卻減少了 12％以上。在歐盟地區，2008 年至 2021 年銀行分行數持續減少，約有 8.5 萬家銀行分行撤點。2021 年，歐盟地區大約只有 138.3 萬家銀行分行。

　　讓我們來假設有兩家客服中心，A 客服中心為了應對 A 客群，需要 1,000 名人類客服人員，B 客服中心為了應對 B 客群，需要 20 名人類客服人員。對這兩家客服中心來說，兩客群在收益性方面皆具有長期價值。那在這種情況下，這兩家客服中心的職務分別會迎來什麼樣的命運呢？

　　讓我們透過自然生態系統來探討這個問題。通常在自然生態系統中，當外部環境發生劇烈變化時，個體數較多的物種有較高的存活率。因為個體數越多，遺傳多樣性越高，該物種能更快地適應環境變化。

　　但是，有時個體數多反而會不利於生存。首先，個體數越多，資源競爭就會越激烈。尤其是當這個族群依賴於某個因環境變化而緊缺的食物時，個體之間會展開激烈的競爭，而這有可能會導致該族群難以生存。此外，個體數多的物種比較容易受到疾病和捕食的影響。若大量個體群聚在一個狹小的區域裡，疾病會很容易擴散開來，被捕食者發現、攻擊的機率也會比較高。

　　自然生態系統的這個原理也適用於人類組織。物種的個體數越多，也就是負責同一個職務的人越多，情況就越會朝不利的方向發展。一旦機器取代人類，支付給人類勞工的報酬就會減少。而為了爭奪減少的工作機會，在勞動市場中存活下來，人類會展開競爭。對試圖以機器取代人類的捕食者來說，他們將能透過機器獲得更多的收益。因此，組織中由多名人類勞工執行同類職務的情況今後會消失。

　　最後，在人類和機器共存的未來組織中，人類的工作會被高度細分，組織成員會被分配到不同的工作。以後不會再由好幾個人去負責同一個職務。讓我們再回到前面提到的例子。假設 A 客服中原本由 1,000 名人類客服人員應對 A 客群，後來變成了由數十名員工負責管理機器、處理錯誤、訓練機器。當員工為 1,000 名客服人員時，大家的工作內容都一樣，但當員工變成數十名時，大家的工作被細分成了管理機器、處理錯誤和訓練機器。同一時期，B 客服中心會比較晚對變化做出應對。因為就算 B 客服中心引進了機器，他們能縮減的人力規模有限。像這樣，組織的規模越大，迎來的變化就會越大。要是各位認為自己隸屬的組織規模比較大，所以不會這麼簡單地就發生變化的話，那可就大錯特錯了。

　　在未來的組織中，個體必須有別於其他人，才有存在的意義。由多名具有相同能力的員工執行同一職務的工作環境將在不久後的未來消失。在這樣的變化中，組織內的個人今後會需

要與其他具有不同能力的人維持關係。也就是說，目前組織內的個人會需要與職務相似度高的人頻繁溝通。但在未來，人們將會更頻繁地與職務相似度低、流程連接性高的人進行溝通。

第 9 章

社會

真正偉大的人，必經歷過這世界上最大的悲傷。

——費奧多爾・杜斯妥也夫斯基，《罪與罰》

「最近的年輕人都不珍惜緣分。因為能利用網路和社群媒體，輕輕鬆鬆地接觸到其他人，所以有很多年輕人會隨便找個人交往，又輕易地分手。」這是我去某場早餐聚會演講時，聽到一名聽眾說的話。那名聽眾認為，經常使用數位媒體的年輕人比不那麼常使用數位媒體的中年人不珍惜緣分。

在聚會結束後回家的路上，我想起了最近有一些人與我聯絡，我們原本有機會結下新緣分，但最後卻因為難以回覆而作罷。這種情況可以分成三大類。第一，有時候會有知名企業的總經理透過祕書聯絡我。我也不曉得他們是怎麼拿到我的聯絡方式的。但總之，他們大多都會打到我的個人手機。祕書都會跟我說，他們公司的總經理想和我見個面、吃頓飯。畢竟是突然要跟一個陌生人（而且還是跟位居高位的人）見面，我當然會覺得不太自在，所以我會問對方為什麼想跟我見面。但每當我這麼問時，十之八九都會說詳細的內容等見了面再說，很少有人會具體回答想跟我見面的原因。

第二，這種情況並不多，但偶爾會有國高中生的家長聯絡我，希望我能花一個小時左右的時間見見他們的孩子。他們通

常會說，他們會預約一間不錯的餐廳，並支付我費用，希望我能撥出一點時間。有的父母希望我能向孩子們說一些激勵人心的話，有的父母希望我能為他們諮詢關於孩子的未來出路，也有的父母是為了幫孩子在學生綜合記錄簿上多加一筆有利於升學的紀錄。

第三，有學生（從小學生到大學生都有）會親自聯絡我，說他們希望能跟我見一面。這些學生通常會發電子郵件，且大多都是為了寫學校作業。有的學生會像記者一樣，事先把見到我時想問的問題整理成採訪問題形式的問卷、標上編號後寄給我。但如果去確認提問內容，就會發現大部分的學生連最基本的功課都沒有做，也沒有動腦。要麼問題本身不對，要麼錯字連篇、文法不對，就像是在發訊息給朋友。甚至有學生星期一寄電子郵件給我，跟我說他星期三要交作業，所以希望我能星期二跟他見個面。

我基本上都會迴避這三種請求。因為我無法感受到對方的真心。不過我最近見了一名聯絡我的國中生。那個學生寄了一封很長的郵件給我，裡面寫著他長久以來的煩惱，相當有誠意。他仔細地說明了為什麼希望能跟我見面，見面之前做了哪些準備，以及想透過諮詢獲得什麼。他還小心翼翼地說他存了好幾個月的零用錢，大概有 30 萬韓元（約新台幣 7,200 元），希望能把它當作諮詢費。

我和這個學生見面後聊了兩個小時左右。當然，我沒有收

他諮詢費。那個學生感激地說他從我這學到了不少東西。我也透過那個學生，理解到了最近的十幾歲青少年都有哪些煩惱、夢想和想法。最令人振奮的是，我和一個前途光明的青年結下了新的緣分。

當我們與對方心靈相通時就會結下緣分，而這些緣分會像網子一樣交織成人類社會。讓我們來看看在進入人工演化期的人類社會中，有哪些力量會觸動彼此的心，又會讓人類社會朝哪個方向發展。

大人將消失

　　從歷史的角度來看，區分大人和兒童的行為可以追溯到人類社會群體最初形成之際，也就是史前時代。這個時期的大人和兒童有明確的分工，大人負責採集狩獵，兒童則負責輔助體力負擔較輕的工作。

　　隨著時間流逝，在許多社會中，長大成人意味著舉辦一場成年禮，宣布一個人從兒童期進入了成年期。成年禮通常會測試一個人的身體耐力，或賦予一個人任務，要求其證明自己已經準備好承擔作為成年人的責任。

　　18、19 世紀形成了現代工業社會，這成了兒童史上的一個轉捩點。隨著工廠勞動和大規模的學校教育出現，禁止兒童工作、讓兒童能準備好成為大人的制度應運而生。兒童漸漸被人們視為脆弱且需要保護的存在，為了防止兒童被剝削或疏忽照顧，國家開始介入了相關領域。[11]

　　法律制度為人類透過制度化來區分大人和兒童的另一個關鍵要素。綜觀歷史，法律體系會在規定投票權、財產所有權、簽約權等各種權利和責任時，設定年齡標準。這個年齡標準反映了認為「兒童沒有足夠的能力基於資訊做出決定或承擔成年

人的責任」的社會判斷。

　　但近幾年有不少兒童跳出了區分大人和兒童的傳統框架。比如，有一個由 150 名成員組成的組織，大家會蓋房子、製造和銷售商品。這個組織不會每個月發薪水給成員，而是會在條件許可的人於約定好的時間內完成任務後，大家一起分享成果。到這裡並沒有什麼特別之處，由非正職員工組成的組織其實很常見。但有幾點會令人感到很驚訝。首先，這個組織的成員共事了一年多，卻沒有人在線下見過面。再來，成員們的年齡為 14 ～ 28 歲，分別來自十幾個國家。引領這個組織的人是一個年僅 14 歲的國一生，而這些人的工作地點是元宇宙。

　　我採訪這個組織時感到驚訝不已，還自我反省了一番。看到一個沒學過管理學、沒有實務經驗，也沒有巨額實體資產的國一生居然在引領這麼一個組織，我感到非常驚訝。我目前在大學指導主修管理學的研究生，但我從來沒有實施過讓 150 人親自賺取利潤的實習活動。沒想到居然有國一生帶頭做到了這點，而且不是實習，是實戰，這讓我非常震驚。

　　這個學生的父母後來才知道自己的孩子正在從事這個活動，並在那之後才關注起了孩子是否被其他大人利用、是否從事非法行為、情緒和學習環境是否受到影響。工業時代後，大多數的國家都將勞動和經濟活動設定為成年人的領域。但在進入人工演化期後，孩子們回到了工業化之前，參與起了大人們的經濟活動。

　　不僅是經濟活動在發生變化，為了獲得知識和情感支援，過去的孩子們會需要與大人進行互動，但這種互動現在也在發生變化。現在的孩子們只要輕觸幾次畫面，就幾乎能獲取關於所有議題的資訊和建議，而不需要大人幫助。在一項針對美國青少年進行的研究中，有 81％的青少年表示，自己曾利用網路搜尋過健康資訊。而在一項針對 18 ～ 19 歲青少年進行的研究中，有 65％的青少年表示，網路是他們獲取健康資訊的主要來源。[12] 皮尤研究中心的問卷調查也顯示，有一半以上的子女會在家中利用網路搜尋以前會問大人的問題。

　　數位設備和文化不僅在提供孩子們資訊，還在減少孩子們在獲得情感支援、進行社會互動的過程中對大人的依賴。例如，以前的小孩必須透過父母的幫忙，才能與朋友們見面和相處，對他們來說，父母是幫忙確認自身行為的主體。但現在的小孩會透過社群媒體與同齡人交流，並得到同齡人的支持和認可。在這種環境中，兒童能利用網路輕鬆地取得資訊和支援，但他們也有可能會接觸到有害或錯誤的資訊和意見。此外，依賴數位設備和文化取得資訊和支援的兒童，可能會錯過藉由與大人互動實現個人發展和社會發展的重要機會。不過就算有這種擔憂，這個趨勢應該還是會加速。

　　目前，在許多文化圈中，大人比小孩擁有更多的權利。經濟能力、社會網路、知識和資訊也是如此。但在實現人工演化後，孩子將開始參與大人們的經濟活動，這種情況今後會隨著

數位商品的種類、流通量和交易價值增加而變得更普遍。

在傳統社會，兒童的物理活動範圍小，因此社會網路規模遠小於大人。但現在有了社群媒體和元宇宙，因此今後會有越來越多兒童的社會網路規模超過大人。此外，兒童利用數位設備獲取知識和資訊、判斷其正確度並進行加工的能力，會漸漸發展得比大人快。因為大部分的國家都在加強兒童的數位素養（Digital Literacy，進行批判性思考並正確使用數位內容的能力）教育。

生命週期的變化將使這種現象進一步加劇。如前所述，許多人會將人生的前三分之一用來學習，接下來的三分之一用來從事經濟活動、養家活口，最後的三分之一用來休息並享受休閒時間。「一邊學習一邊成長→從事經濟活動→安享天年」的生命週期正在朝「成長→從事經濟活動→再成長→再次從事經濟活動→再成長→再次從事經濟活動」這個方向發展。受此影響，以年齡劃分人類活動及特性的工業時代標準已經開始在瓦解。

簡而言之，進入人工演化期後，大人和小孩的界線會變得越來越模糊。我們必須致力於完善學校、職場和社會的各項法律制度，否則孩子們可能會在模糊的界線中徘徊，成為灰色地帶的一員。此外，人類應該要重新思考本質性的問題。「在人類社會，所謂的大人是什麼？」如果有人問我這個問題，我應該會這麼回答：「大人是能夠說明自己為何存在的人。」

將與機器對話

　　罹患電話恐懼症的患者目前正在增加。電話恐懼症是一種社交恐懼症，指害怕與其他人講電話或聽到電話鈴聲響起。會罹患電話恐懼症的原因有很多。有人是因為覺得透過電話進行社會接觸很不自在，有人是因為害怕被拒絕或批評，有人則是因為害怕犯錯或說錯話。雖然講電話時中間有電話這個媒介，但電話會原封不動地把對方的聲音連同情緒訊息傳給我們，而且還是即時傳遞，無法延後接收或發送，這點會讓罹患電話恐懼症的人感到焦慮。

　　英國的電話接聽服務企業 Face for Business 的一項調查顯示，76％的千禧世代表示他們害怕電話鈴聲響起，遠高於嬰兒潮世代的 40％。在這裡，有兩點值得注意：第一，電話恐懼症不僅僅是年輕人的問題；第二，電話恐懼症患者中年輕人相對較多。

　　在全世界原本透過電話處理的業務和服務中，有很大部分正在透過手機 App 和網站處理、無須人類介入。在線下空間中，同樣有越來越多機器在執行各種任務，如訂餐、申請文件、繳費。今後在人類的社會接觸中，人類與機器溝通的比例將會持續增加。過去的機器主要是代替人類執行簡單的任務，但機

器將會漸漸滲透到要求具備更高水準的知識和經驗或流程複雜的領域，與人類進行對話。

會發生這種轉變的原因主要有三個。**第一，經濟效率高。**我們能讓某項作業或流程實現自動化，來簡化營運、減少錯誤，並提高生產力。需要進行大量交易並頻繁互動的零售業、服務業更是如此。習慣數位文化的人對即時又便利的服務抱有高度期待，在這樣的情況下，機器不受工作時間和人力水準等因素影響，24 小時為人類提供標準化的溝通品質，因此有相當高的經濟效率。

第二，機器會為人類提供更一致且可預測的體驗。例如，如果使用自助服務機訂購商品，就能仔細查看庫存和購買條件，而且所有的紀錄都會以數位形式留存下來，因此當交易結果出現問題時，就可以查明是哪一方的過失，這樣能最大限度地減少在溝通過程中發生的錯誤和不確定性。這與本小節開頭提到的電話恐懼症也有關聯，我們能把人類的溝通對象換成機器來消除電話恐懼症。這也與前面提到的「情緒成本」有關，機器能防止人與人溝通時會耗盡情緒的事情發生。

第三，適合用作個人的對話工具。雖然人類與機器的對話和溝通紀錄會以數位形式留存下來，但如果能透過法律和科技提供保護的話，使用者將不需要像與人類交談時那樣暴露自己，會比較有安全感。我的研究受訪者中，就有一部分的人表示自己會與 AI 聊天機器人談論個人煩惱，來尋求情緒穩定。

這些受訪者表示，就算別人發誓自己會保密，他們仍然覺得有人知道自己的祕密會讓他們感到很不自在。

因為這些原因，未來將會有越來越多人在進行各種與日常生活、勞動、教育有關的溝通時，選擇與機器溝通。但是，這時會出現三個問題。

第一，隨著人與人溝通的比例減少，人類對這個世界的理解可能會變得狹隘或扭曲。機器和人類之間的對話主要是由符號（檢視、選項、數字等）和人類語言組成的。機器會變得越來越像人類，最後變成一個我們無法區分其到底是人類還是機器的交談對象。圖靈測試（Turing Test）這個概念將在不久後的未來失去意義。

圖靈測試是 1950 年英國數學家兼電腦科學家艾倫．圖靈提出的 AI 水準評估方法，目的是測試機器能否像人類一樣進行對話。如果要以現代人的觀點簡單說明什麼是圖靈測試，就是讓某個人與兩個對象對話，其中一個是人類，另一個是 AI 機器。如果這個人與這兩個對象對話後，無法區分哪一個是人類，哪一個是機器，就視該機器通過了圖靈測試。[13]

但就算機器模仿人類、成功通過了圖靈測試，與我們對話的終究是機器，而不是人類。就算那台機器能像人類一樣說話，機器終究是機器，而不是人類。現在的問題是，機器會以什麼樣的觀點與我們溝通。

我來舉一個例子吧。假設我對某台機器說：「我寫了一本

書，內容是探索從太古至今人類的本質之美。你幫我做幾份適合這本書的封面設計稿。」機器按照我的要求給了我五張設計稿。這些設計稿描繪了從精神、身體、社會、藝術等各種層面追求美的人類形象，但設計稿中的人物全都是亞洲女性。這台機器知道我是亞洲男性，而且從之前與我進行的對話中得知了我的書主要會在亞洲文化圈發行，那這台機器提供的設計稿算不算妥當呢？

機器在與人類對話時，主要會從幾個觀點和策略出發。第一種是根據對話的主體，也就是根據我們的觀點和需求與我們進行對話。第二種是基於其學到的價值（如人類社會的普遍性、公平性）進行對話。第三種是從機器製造商的利益出發。

如果我們免費或以較低的費用使用機器，那機器很有可能會為了獲利而採用第三種方案。如果機器採用第一種方案，那機器會為了讓我們下次也選擇使用它，而想盡辦法討好我們。這時，我們會產生這樣的疑惑：「這種溝通到底能為人類帶來什麼？」如果機器採用的是第二種方案，那我們會需要廣泛驗證內建於機器的演算法和基礎數據是否真的符合人類社會的普遍性、公平性等價值。從長遠來看，人類社會將達成共識並建立相關制度來管控上述情況。但在此之前，與機器溝通的人類可能會對這個世界有錯誤的理解。

第二，因為個人特質和價值觀而不願意與機器溝通的人，將沒有其他選擇，被迫與機器進行對話。在這樣的情況下，數

位素養能力較差的人會特別容易感到不便。因為我們很難完全消除與機器對話時在使用性、便利性方面感到的不便。

有一種定律叫「泰斯勒定律」（Tesler's Law）。這是電腦科學家拉里‧泰斯勒在研究互動設計時提出的概念，這個定律又被稱為「複雜度守恆定律」。根據該定律，任何系統都有它一定的複雜度，當複雜度被減到一定程度，就會無法再簡化。為了最大限度地減少人類與機器溝通、互動時會產生的負擔，人類正致力於將人機互動時固有的複雜度降到最低。隨著機器的使用增加，人類將會更積極地付出這方面的努力。但就算如此，人機互動時必然會有一定程度的複雜性。這就與不管客服中心的自動語音回覆功能變得再怎麼便利，終究還是有不少人會找人類客服是一樣的道理。無論是因為個人特質，還是覺得機器用起來不方便，就是會有人想與人類溝通。但如果這些人被迫只能與機器溝通，這絕對不是什麼美好的情況。

第三，這種情況可能會導致人類的社會孤立加劇。有人可能會因為開頭提到的電話恐懼症等原因，比較喜歡與機器對話。人類具有雙面性和內在衝突，只要是人類，就會渴望他人、想與他人親近，但同時又會想要獨處、與他人保持距離。康德稱這種具有雙面性的人類心理為「非社會的社會性」。

想獨處的人會選擇與人類對話的機器，但問題是，被越多想獨處的人選擇，機器在學習時越有可能會放棄「渴望他人、想與他人親近」這個內在衝突。我就從所採訪過的受訪者那感

覺到，受訪者迴避與他人溝通的傾向會隨著他們與機器對話的時間增加而變得更強。這些受訪者其實並沒有厭惡他人，他們只是太想獨處罷了。

簡而言之，人工演化期的人類接觸到的世界將會是一個被機器加工過的世界，而不是原本的世界，因此人類可能會產生認知扭曲。不願意與機器溝通的人可能會被迫只能與機器溝通，有人則可能會刻意迴避與他人溝通，而導致社會孤立加劇。

儘管存在我提到的各種問題和風險，與人類對話的機器今後還是會廣泛而又深入地擴散到人類社會的各個角落。我們將在第四部分探討這種變化會為學習、勞動和消費帶來哪些改變。

將被扒光

　　隨著一切都被轉換成數位形式並記錄下來，資訊安全問題開始層出不窮。2018 年的資料外洩事件中，34％的事件犯人為有權限訪問資料的內部人員，71％的目的是為了謀取金錢利益。美國的資料外洩事件則從 2010 年的 662 起暴增到了 2021 年的 1,000 多起。醫療、金融、零售和教育領域特別容易發生這類事故。

　　人類在進入人工演化期後，會試著以數位方式測量、記錄、分析與人類生活有關的一切事物。在此過程中，對於個人資料允許被使用到什麼程度、該如何預防問題發生、發生問題時該如何應對等議題，社會矛盾和討論將會暴增。讓我們來看看進入人工演化期後，人類會以數位形式記錄生活並使用該紀錄到什麼程度。

　　有種東西叫「數位孿生」（Digital Twin）。數位孿生指將物理實體或系統複製到數位世界的複製品，其多被用於模擬、預測物理實體的動作，並進行最佳化。

　　數位孿生技術會使用各種感測器來獲取物理實體的數據，並結合從其他地方獲取的數據，來製作物理實體的複製品。數位孿生正在被應用於製造、建築、醫療、運輸等各個領域。例

如，製造業會使用數位孿生技術模擬生產流程，找出潛在的瓶頸，進行工廠性能的最佳化。[14] 醫學界也正在關注數位孿生技術，因為醫生能根據患者的特徵和病歷，利用數位孿生技術制定客製化的治療計畫。

　　義大利生物物理學家阿萊西奧・阿爾貝堤諾的研究小組提議將人類的新陳代謝系統搬到虛擬化身後進行管理。[15] 實驗參加者花了近一年的時間用穿戴式裝置和輔助裝置記錄了身體狀況、活動和飲食模式。研究小組在利用深度學習技術分析收集到的數據後，提供了參加者個人化的飲食和運動計畫。

　　除了阿爾貝堤諾之外，還有其他研究人員正在將人類的所有生物特徵都做成數位孿生。CompBioMed 中心就在歐盟的支援下啟動了「虛擬人計畫」（Virtual Human Project），其旨在製作超個人化的醫用虛擬化身。實際上，患者明確地把自己的症狀告訴醫生，醫生在看診後正確診斷患者的病情並開藥，並不是一件容易的事。在美國，每年有 1,200 萬人曾在接受門診治療時被誤診過。此外，世界衛生組織預測到 2035 年，全世界將缺少 1,290 萬名醫護人員。

　　虛擬人計畫旨在結合 X 光、電腦斷層掃描、磁振照影等當前醫療系統生成的各種患者數據，製作個人化的數位虛擬化身。該計畫能使醫生提供更準確的診斷，並根據患者的生理特徵進行醫學和臨床模擬，以進行有效的治療。

　　虛擬人計畫目前打算在神經肌肉骨骼系統、分子力學、心

血管這三個醫學領域製作虛擬化身。例如，醫生將能透過分子力學分析蛋白質的結構，進一步預測會對某種藥物產生反應的蛋白質外觀會發生什麼變化，由此得知使用哪種藥物時效果會最好。

在預測心臟、骨頭和蛋白質會發生什麼變化時，預測的準確度會取決於可用的運算性能，因此要製作一個完整的醫用虛擬化身，會需要極高的運算性能，而這在技術上存在著困難。

目前的 Petascale 超級電腦每秒可進行 10 的 15 次方運算，但這還不足以實現虛擬人計畫的目標性能。如果比 Petascale 超級電腦強勁一千倍的 Exascale 超級電腦（每秒進行 10 的 18 次方運算）變得普及，那人類應該能成功為個別患者製作虛擬化身。

阿爾貝堤諾的研究小組和 CompBioMed 都正在試著將人類的身體做成數位孿生。那麼，人類的精神是不是也能做成數位孿生呢？首先，讓我們來了解一下「精神上傳」。精神上傳指將想法、記憶、性格特質等腦中的東西搬到電腦或機器人等數位設備裡。這個想法在神經科學、AI、哲學領域一直都是人們猜測和爭論的話題。

精神上傳這個想法也許聽起來像科幻小說，但近幾年，腦機介面和能使其實現的運算技術的開發取得了重大進展。例如，解讀人類的神經活動並進行編碼的技術已經取得了一定程度的發展。這項技術能讓人類靠意念操控機器，並從機器那得

到感覺回饋。

就算不上傳所有的精神和情緒，只要精神上傳一些必要的情緒狀態，人類就能精確診斷出心理問題，並做出應對。此外，如果從群體層面分析精神上傳的東西，人類將能制定政策和制度來解決社會成員之間複雜的矛盾、消除群體的恐懼和不安，迎來重大的轉捩點。如果能將上傳的東西加工後用於機器學習，那 AI 和機器人學的水準將提升好幾個等級，機器的行為和決策會變得更接近人類。

讓我們來看看除了物理現實中的個體、空間和建築物之外，當我們把人類的身心也搬到數位設備進行管理時，會出現哪些問題。

第一，在全世界所有的數據和資訊都流向數位世界的情況下，人類的制度和體系是否能確實預防、偵測、應對、解決資訊保護及濫用問題，是一大關鍵。先進的數位技術和設備會將這類活動的很大部分實現自動化，但未來勢必會出現人類目前未想到的問題和前所未有的大規模問題。稍有不慎，透過人工演化發展的人類文明可能會受到衝擊。

第二，雖然我們很難在短時間內做到精神上傳，但如果真的達到那個境界，人類就必須在哲學和道德倫理層面重新思索「何謂存在」。侯世達、傑夫·霍金斯、馬文·明斯基等著名的電腦科學家和神經科學家預測，精神上傳可能會使數位設備變得能像人類一樣思考，甚至產生意識。[16]

如果數位設備就像他們預測的那樣產生意識，那我們就得思索，被困在人類創造的機器裡的意識會感受到什麼樣的情緒。因為複製到機器裡的意識可能會感到痛苦。[17] 我在第 1 章曾經提到「忒修斯之船」，班克羅夫特擴展了這個思想實驗，探討了被複製的意識會感受到的痛苦。如果我們像忒修斯之船那樣，將形成人類意識所需的要素一點一點轉移到機器，那我們做出來的東西就可能會產生人類意識並感受到痛苦。[18] 如果為了進行分析而收集和複製的東西產生意識，人類該如何應對呢？這個領域目前還沒有一個明確的方向。

就結論來說，儘管存在著許多問題，人類還是會把這世界上所有的東西都扒光放入數位設備。電腦問世至今已超過 200 多年，雖然有學者持不同的意見，但大多數的人都認為 1822 年查爾斯‧巴貝奇設計的模型是第一台現代電腦。從那時起至今，這段時期又被稱為「資訊革命時代」。新的職業出現、資訊溝通變得更透明，人類的創造力透過複雜又多層的連結進一步提升。在此過程中，雖然出現了資訊安全、數位排除（Digital Exclusion）和成癮等問題，資訊革命時代始終只有向前邁進。

18、19 世紀爆發的工業革命為製造、運輸和通訊科技帶來了突破性的發展，進而提高了生產力，促進了經濟成長。但它也帶來了嚴重的環境破壞、勞動剝削和社會不平等問題。儘管有這些負面結果，人類還是接受了工業革命，因為它為人類帶來了諸多好處。

　　為什麼人類總會在正面和負面兩種價值共存時，選擇往正面價值走呢？從哲學角度來看，人類群體有「樂觀偏誤」的傾向。樂觀偏誤指人類高估正面結果發生的可能性，低估負面結果發生的可能性的傾向。[19] 人類群體抱持樂觀主義並不是件壞事。樂觀偏誤能在群體環境中促進為生存所需的社會凝聚力和合作。樂觀偏誤能讓我們對他人產生正面的期待和態度，進而促進信任與合作，為個人和群體帶來更好的結果。

　　如果用文學敘事來探討人類的旅程，那人類的旅程可以說與「英雄旅程」有關。英雄旅程是一種敘事模式，公式大概是英雄會在踏上旅程或開始執行任務後，遇到重重阻礙和挑戰，但英雄會不畏艱難堅持到底，最後取得正面結果。英雄旅程的特徵為英雄總會克服萬難。[20]

　　人類非常喜歡英雄旅程敘事模式，並且似乎會將這種敘事模式套用在全人類的旅程上。也就是說，人類相信隨著新技術和新設備出現、人類文明轉型，人類會面臨許多困境，但人類這個英雄終將克服一切、取得勝利。簡單地說，人類寧願被扒個精光，也不會停下透過人工演化建立新社會的英雄旅程。

團結瓦解

　　有 500 多名大學生在一片廣闊的土地上過著群體生活。定居於此的人會得到大約數十平方公尺的土地，並在這片土地上經營自己的生活。有人開咖啡廳，有人建造宗教建築，有人則開了廣播電台。也有人建造鐵路網，方便居民在這片廣闊的土地上移動。這裡的居民有他們自己的貨幣，他們會利用自己的土地和資源，透明地進行交易。這片土地並不存在於物理現實中，而是存在於名為「野生世界」的《當個創世神》元宇宙中。

　　這 500 多名大學生到底在「野生世界」裡做什麼呢？有人說他們在玩電腦遊戲，也有人說他們在元宇宙裡模擬現實生活，提前體驗人生。

　　我認為這些大學生活在現實中，只不過那個現實不是物理現實，而是數位現實。我有一個熟人總是會自己一個人在工作室製作音樂。他不會到外面的辦公室上班，跟其他人溝通時都使用通訊軟體，做好的音樂會做成數位檔案。那「野生世界」裡的學生和這個作曲家有什麼不同呢？這兩者的共同點是他們都活在數位現實中，只不過野生世界裡的學生不像作曲家會創造經濟價值。但是我對這一點有不同的看法。如果有人在「野生世界」立廣告牌，或將「野生世界」裡的廣播電台連到外部

196 AI × 人類演化未來報告書

媒體的話呢？這麼做的話，「野生世界」裡的貨幣就會變得和物理世界中的貨幣一樣，具有貨幣價值。

我在觀察「野生世界」時，想起了馬素·麥克魯漢提出的「地球村」概念。我認為，那些大學生正在利用數位技術打造一個新的地球村。麥克魯漢提出的「地球村」概念主張，新的媒體技術會將身處異地的人們連結起來，並使人與人之間產生共同體意識和互聯性。他主張，電視、網路等電子通訊技術能克服物理空間的限制，並讓身處異地的人之間產生直接性和親密感。地球村這個概念，暗示著科技將使人們能即時、輕鬆地溝通並分享資訊，而這個世界會因此變得越來越緊密。麥克魯漢認為，地球村將打破傳統的文化界限，並引發全球意識，為社會帶來巨大的影響。[21]

如果人類實現人工演化後，將全人類視為一個地球村的話，會發生哪些變化呢？讓我們來看幾項關於人類會對他人的痛苦產生何種反應的研究。神經科學研究表明，人類會對自己所屬團體的成員感受到的痛苦有更敏感的反應。在一項觀察經歷社會痛苦的人的研究中，研究人員比較了當受害者是觀察者內團體的一員和外團體的一員時，觀察者的反應會有什麼差異。研究結果顯示，當經歷社會痛苦的人是家人或朋友等內團體成員時，觀察者大腦的感情中樞會比其觀察外團體成員時運作得更活躍。在觀察外團體成員時，比起情緒反應，觀察者產生了較多的認知反應，而且花了更多時間才產生共鳴。[22]

再讓我們回來看野生世界。大家在物理世界中分別住在不同的地區，因此彼此擁有不同的文化背景。但這些人在野生世界中仍然形成了一個共同體、一個內團體。如果有人經歷痛苦，比起認知反應，大家應該會先產生情緒反應。我並不是想說情緒反應比認知反應優越，但在對他人的處境產生同理心並包容他人方面，情緒反應會發揮相當大的作用。

也就是說，也許我們理智上無法理解對方，或判斷對方的事與自己無關，但情感上能對對方的痛苦產生共鳴，並安慰或包容對方。托爾斯泰曾說過：「如果你能感受到痛苦，就代表你活著。如果你能感受到他人的痛苦，就代表你是人類。」人類透過人工演化打破現有的社會壁壘並建立新的巨大共同體，會使人類將彼此視為內團體的一員，並從情感上感受到彼此的痛苦。

我來為各位介紹兩個我曾採訪過的案例。有家長跟我說，他覺得自己的孩子在身分認同和國家觀方面似乎有問題，所以很擔心。那位家長說，韓國足球隊與外國足球隊在比賽時，他的孩子支持的居然是外國隊，這讓他非常訝異。被問到為什麼支持外國隊時，孩子非常乾脆地說，因為那個足球隊的選手比較有實力，而且比較喜歡他們的比賽風格，透過社群媒體看到的隊員們的日常生活和想法也跟自己比較合。當我問他是不是討厭韓國隊時，他說他並不討厭。

那個孩子從五歲開始使用智慧型手機，並透過社群媒體、

串流平台、網路遊戲，不分地區、語言和文化，與許多足球迷進行了交流。他說，如果語言不通，他會使用自動翻譯機。那孩子正在以足球為中心，打造一個新的地球村。

第二個孩子和上面那個孩子年齡相仿，他是個性少數者。他說，在新冠疫情爆發之前，他被學校同學們知道了自己是性少數者，雖然沒有人欺負他，但他感覺到大部分的同學都會與他保持距離。

新冠疫情爆發而必須在家遠距聽課後，他反而輕鬆了許多。因為遠距上課時只需要跟上上課進度，幾乎不需要與同學互動。那孩子說，他戴著虛擬實境裝置在 3D 數位空間度過的時間變長了。

他說，他跟經常與他在同一個空間相處的人說了自己是性少數者，因為他覺得對方不曉得他是誰，所以應該不會有什麼太大的問題。值得慶幸的是，沒有人在這之後改變態度。那個孩子說，他發現這個世界上有各式各樣的人，而且有很多人能與自己當朋友。他還說，他在那個社群中感受到了強烈的連結感。

如果這個孩子出生在三十年前網路都還沒普及的時代，那他會變得怎麼樣呢？我想，那個孩子大概會視自己為無法融入任何群體的怪物。他說不定會像小說《科學怪人》中沒有任何錯的「怪物（藝術品）」一樣，怨恨明明就沒有任何錯的自己，並埋怨這個世界。

　　前面提到的那兩個孩子都打破了過去基於地區、語言、人種、文化的團結模式。像這樣，人類將會透過人工演化打破當前的團結模式，並建立新的團結模式。人類社會今後會形成多層次的新的社會界限，並且會因此出現越來越多與基於國家、國籍的現行法律制度衝突的情況。各國和社會應該要思索該如何包容這些新的群體並與現有群體維持關係。

孤立將招致悲劇

在人類社會，發生在個人身上的孤立可以分成兩種：非自願孤立和自願孤立。非自願孤立指個人或群體非自願地被排除在主流社會之外。發生非自願孤立的原因有很多，包含種族、民族、性別、性取向、宗教、身心障礙歧視。例如，移民或難民會因為語言障礙、資源分配不均、社會汙名等原因，而陷入非自願孤立。身障人士可能會因為身體障礙、缺乏就業和教育機會、人們消極的態度和刻板印象，而陷入非自願孤立。

自願孤立指個人或群體選擇把自己排除在主流社會之外。導致自願孤立發生的因素包含文化、宗教信仰、個人偏好和想脫離社會規範的慾望。例如，有些性少數者會為了更安全的生活與得到認可，而選擇住在性少數群體專用地區或社區。

如果將「孤立」這個詞轉換成用來描述情緒的詞，那這個詞應該是「孤獨」。小說家安布羅斯・比爾斯在其著作《魔鬼辭典》中，將「孤獨」這個形容詞定義成「結交狐群狗黨」。如果照比爾斯的邏輯來看，我們可以說，人類會為了避免「結交狐群狗黨」這個孤獨感，自發性地選擇孤立自己。

無論是從邏輯上來看，還是從經驗上來看，孤獨感和變成獨自一個人是兩回事。對一個人來說，自己身邊有多少人和

動物並不重要，重要的是自己從自己與其他人的關係中感受到了什麼樣的情感。假設有數千名觀眾參加了一場大規模的演唱會，雖然大家參加的是同一場演場會，但是彼此感受到的音樂體驗各不相同。同樣地，就算我們與其他人交流，我們的經驗中總會有一些無法百分之百與其他人共享的個人元素。孤獨感的關鍵在於一個人主觀感覺到的「隔離感」，而不是「只有自己一個人」這種客觀的狀態。也就是說，孤立不僅僅指「只有自己一個人」的客觀狀態，還指「從情感上感覺到隔離感」的主觀狀態。

　　近幾年來，孤立已不再是個人或家庭層面的問題。2018 年1 月，英國政府為了解決在公共衛生領域備受關注的孤獨感問題，設立了「孤獨部」（Ministry for Loneliness）。該部門是英國政府透過孤獨委員會提交的報告，得知英國有超過 900 多萬人因孤獨感而受苦後成立的部門。

　　孤獨部負責制定與實施相關政策，其目標為減少英國人的社會孤立和孤獨感。該部門正在與當地主管機關、慈善組織、社區團體密切合作，找出有陷入孤獨感風險的人並提供支援。孤獨部也正在致力於資助關於孤獨感的研究，以找出產生孤獨感的原因和其可能會帶來的結果，並提高大眾對孤獨感問題的認識。

　　2018 年，英國政府撥款 2,000 萬英鎊（約新台幣 7.9 億元）資助致力於消除孤獨感的團體。但新冠疫情導致孤獨感問題加

劇，許多人因為封城和保持社交距離措施而經歷了社會孤立。根據 2020 年英國紅十字會進行的問卷調查結果顯示，英國有超過 700 萬人表示自己因新冠疫情而感受到了孤獨感。

進入人工演化期後，人類社會中是否有更多人被邊緣化呢？如果去看過去的工業革命和當前的資訊革命，就會發現這兩者都導致了非自願孤立人口增加。新技術、新機器在勞動、學習、資訊獲取方面，消除了不少不對等問題，但在資源、事業機會、決策權方面，卻造成了更嚴重的不對等問題，進而導致了非自願孤立群體規模加大。

進入人工演化期後的孤立，應該要從物理和心理這兩個層面來探討。從物理層面來看，線下進行社會接觸的必要性和需求今後將會減少，因此自發性選擇孤立的群體規模將會擴大。

但從會主觀感受到隔離感的心理層面來看，被邊緣化的人今後將會減少。上一節有提到，人類社會將透過人工演化形成新的社會紐帶。隨著這種情況增加，人類將能與社會背景、能力、傾向和自己相似的多個群體建立關係，來擺脫心理上的隔離感。當然，我們無法只以心理因素來判斷一個人是否陷入了孤立，因此我們很難斷定物理上的孤立增加、心理上的孤立減少會引領人類走向何方。

人類未來會遇到的問題是，以後將會出現在物理上和心理上都被徹底孤立的人。雖然規模會比現在小，但他們感受到的隔離感將會比現在更強烈。孤立帶來的隔離感會在群體規模變

大時變得更強烈。例如，人類在由 1,000 個人組成的群體中感覺自己是一個人時，會比在由 5 個人組成的群體中感覺自己是一個人時，感受到更強烈的隔離感。因為人類如果想到除了自己以外的 99% 人都扔下了自己，就會進一步覺得如果自己到了更大的外團體時，會一樣沒有立足之地。而透過人工演化，人類個體可以觀察並建立關係的群體會變得越來越大，其規模會超越時空的限制。因此，當人們感受到隔離感時會受到更大的打擊。

當一個人陷入極度強烈的孤立感時，可能會對整個社會群體構成威脅。為了他們個人，社會應該包容這些人，讓他們能像一般人生活；為了降低社會群體的危險，社會不能忽視這些人。被邊緣化的人中，有些人具有高度的攻擊性，而這種攻擊性與這些人感受到的孤立程度成正比。當然，這絕不代表所有被邊緣化的人都會攻擊社會群體。我只是希望不要有人把隔離感和孤立感視為個人問題，認為社會不需要去關注，對此置之不理或躲避問題。

人類正在透過人工演化轉移到一個無限連結的世界，但在那樣的世界中，仍然有人會過著像是與世隔絕的生活。我們應該要與這些人建立新的連結，才能避免發生悲劇。

第四部分

行為將產生變化

　　讓人類動起來、做出某個行為的動力是人類的內心。人類會在心境出現變化時，改變看待自己和周圍關係的看法，並根據發生變化的關係，改變自己的行為。第二部分和第三部分探討了人類的內心世界和人際關係。而我們將在接下來探討人類的行為今後會發生哪些變化。我們會先探討人類行為的根據地，也就是「空間」將會如何發展，接著從社會互動角度出發，探討教育、勞動、消費領域將會出現哪些變化。

　　在探討未來之前，先讓我們來看看在人類歷史中，創新技術為教育、勞動、消費帶來了哪些變化。

　　在教育領域，約翰尼斯・古騰堡於 15 世紀發明的印刷機發揮了重要的作用。機械式印刷機加快了書籍普及的速度，這提高了大眾的閱讀能力，思想開始廣泛地傳播開來。在印刷機尚未問世、人類還在製作手抄本的時代，一本厚重的書比一棟小房子還昂貴。但隨著人類發明印刷機、歐洲各地建印刷廠，知識傳播體系從根本上發生了變化。[1]

　　由於學生和學者們能讀同一份參考文獻，學術交流的效率因而提升。隨著書籍的可用性和教育需求增加，人類建立了學校，為大眾提供了接受正規教育的機會。而隨著教育機會普及，人們開始對既有的信仰和慣例提出了質疑。這種文化挑戰了傳統教義和原有的社會體系，並奠定了能夠發現新事物、進行創新的基礎。

　　工業革命爆發後，工廠對技術熟練且受過教育的技術工和

機械工的需求增加。因此有國家從 19 世紀初開始實施義務教育，為現代教育體系奠定了基礎。

在勞動領域，工業革命使農業勞動環境轉向了工業勞動環境。人類社會形成了新的勞動文化，工廠會以大規模生產線和其流動方向為中心安排勞工，眾多勞工會為了共同的目標合作、調整生產流程。隨著大量勞工移居到城市找工作，這個時期出現了都市化、人口集中都市的現象。

在急遽變化的勞動環境中，由於未能及時進行人權及安全相關研究、制定社會規範，人類社會出現了工時長、工資低、僱用童工等各種問題，勞工必須承受比農業勞動艱辛的工業勞動。而為了改善勞工權利和工作條件，人們發起了勞工運動。

在消費領域，工業革命使人們得以大量生產，消費量也隨之增加，溫飽型經濟轉向了消費型經濟。此後，勞工群體中出現了中產階級，這進一步刺激了消費。第二次世界大戰後，消費量以已開發國家為中心實現了前所未有的增長。隨著技術和機器發展，人類開始大量生產並利用媒體進行行銷，電視也普及了開來，現代消費文化自此萌芽。

接下來，讓我們來看看進入人工演化期後，空間、學習、勞動、消費領域將會發生哪些變化。人類經過數百年形成的行為文化將在不到十分之一的時間裡瓦解並重組。讓我們到那個巨大的轉捩點一探究竟。

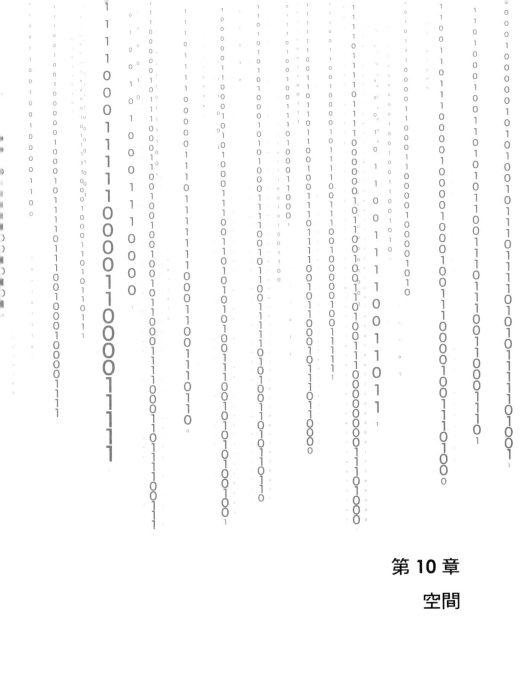

第 10 章

空間

　　我總覺得有些人沒有出生在正確的地方。偶然的命運將他們丟到特定的環境裡，但他們總是對某個不知在何處的家鄉念念不忘。他們是生身之地的過客，從孩提時代就熟悉的林蔭小徑，或者曾在其中玩耍過的熱鬧街道，都無非是人生路上的驛站。他們始終把親友視如陌路，對平生僅見的環境毫無感情。

　　　　　　　　　　——薩默塞特·毛姆，《月亮與六便士》

　　「記者先生（小姐），我的書房沒有書架可以給你當背景拍。」媒體採訪教授或專家時，通常都會把擺滿書的書架當作背景。但我的研究室和書房沒有任何書架，很多記者來攝影時都會感到很錯愕，所以我總會事先提醒大家。我的書房之所以沒有書，是因為我都盡可能讀電子書和電子的論文檔案。如果去看我身邊的教授，他們的研究室裡平均都有六、七個書架，研究室三分之一的空間都讓給了書。但我總是會把要讀的東西轉移到數位現實，來確保物理現實中的空間。

　　我並不是想炫耀這麼做有多厲害。我只是覺得人們似乎會透過我對空間的態度和行為更了解我這個人而已。人類創造空間，空間打造人類。空間是承載人類行為的容器兼媒介。讓我們來看看人類在進入人工演化期後會如何發展這個媒介。

物理特性將改變

有件事我想先提醒一下各位。嚴格來說，「場所」和「空間」在學術上是有區別的。簡單地說，場所指生物靜止不動的地方，空間指生物活動的地方。[2] 但在這本書中，我會直接稱這兩者為空間。

空間將漸漸擺脫當前的物理、社會和經濟框架。雖然空間很容易被認為是物理上和物質上的東西，但如果仔細去想想人類會透過空間做哪些事情，就會發現空間其實比較接近用來傳遞人類的慾望、體驗和情緒的媒介。人類會透過空間互相傳遞訊息。我覺得英語的「Keep in touch」這句話非常有意思。這句話的意思是「保持聯繫」。當今社會大部分的人都是利用電子信箱、電話等數位化的遠距媒體互相聯繫。但「touch」這個動作是當人們在同一個空間時才能做到的事情。也就是說，「Keep in touch」包含了「空間是傳遞訊息的媒介」這樣的想法。

在現代化的空間裡，百貨公司最能強烈地傳遞訊息。在百貨公司購買商品只不過是收到訊息後的結果。就算是同一款商品，人們在網購中心和百貨公司看到時，也會收到不一樣的訊息。百貨公司裡有數個被切割成相同大小的空間，但各空間會為了傳遞各品牌的訊息，而被設計成不同的樣子。

　　總的來說，如果空間是用來傳遞訊息的媒介，那它與「人類的想法會被語言這個符號標準化、數位化後，透過媒體傳遞」這點有許多相似之處。進入人工演化期後，人類會在兩個方面打破空間這個媒介之物理特性的侷限性，也就是物理距離和物理時間。

　　首先，讓我們來想想看人類創造的先進技術會如何改變空間的物理距離特性。日本東京的日本橋開了一家由重度身障人士遠距操控機器人來提供客人服務的咖啡廳。[3] 這家咖啡廳是 2018 年進行試行計畫並經過各種分析和討論後，於 2021 年正式開業的咖啡廳。這家看板上寫著「Dawn ver. β」的咖啡廳裡，有人形機器人在等待客人的到來並為客人送餐。

　　在咖啡廳工作的 OriHime-D 機器人身高 120 公分，裝有攝影機、麥克風和喇叭，它會在店裡四處移動、與客人交談。這家咖啡廳裡的機器人是透過網路來遠距操控的，它們被設計成能讓身障人士、脊髓損傷或患有肌萎縮性脊髓側索硬化症等疾病的患者在家遠距操縱。這項技術的另一個目的，是提供因育兒假或家務原因而無法長時間離家的人用作虛擬化身。日本的機器人學企業 Ory Laboratory 表示，他們的目標是透過這家咖啡廳，為身障人士創造工作機會，並經營身障人士友善事業。由於只需要靠眼球運動來控制機器人，行動不便的人也能在這間咖啡廳工作。這項技術的優點是，能提供無法參與傳統意義上的社會活動的人新的機會和與他人交流的體驗，減少這些人

的孤立感。

　　Dawn ver. β 咖啡廳的案例正在告訴我們人工演化方面的兩件事情。第一，科技使有身體障礙的人克服了身體行為原本受到的限制；第二，未來身處不同空間的人不但能用視訊和網路通訊軟體溝通，還將有可能透過技術連人類的五感都傳遞給對方（Dawn ver. β 咖啡廳還未能傳遞五感）。

　　接下來要為各位介紹的另一項案例應用了與 Dawn ver. β 類似的技術，但我們可以從另一個角度來探討。2020 年日本政府放寬了規定實體店面必須配置員工的部分法規。這是為了應對人口持續減少導致勞動力不足的現象，並滿足希望利用尖端技術來簡化營運的企業需求。在日本經營大規模連鎖便利商店的全家與機器人企業 Telexistence 合作推出了一款能在日本各地的便利商店管理貨架的 AI 機器人。這款主要負責補貨的機器人基本上會自動運行，如果運行出現問題，人類員工會戴上虛擬實境頭盔來操控這些機器人。Telexistence 稱，機器人的運行時間中，需要人類員工介入的時間僅占 2％左右。[4]

　　為了開發在便利商店工作的 AI 機器人，Telexistence 與微軟和輝達展開了合作。輝達的 AI 平台負責處理資訊，微軟的雲端基礎設施負責存儲並分析大量數據。除了日本市場之外，Telexistence 還計畫在全美超過 15 萬家便利商店配置 AI 機器人。如果 Telexistence 實現這項計畫，那便利商店員工的大腦將會被輝達和微軟取代。

　　Dawn ver. β 咖啡廳和全家這兩個案例的共同點是，他們進行的遠距工作並不是交換知識、意見等訊息，他們克服了空間的物理距離，遠距「傳送」了實體勞動力。但這兩個案例帶來的效果和影響截然不同。Dawn ver. β 咖啡廳的目的是接納原本被勞動市場排除在外的人；全家的目的中雖然也包含降低夜班員工的安全風險，但其主要目的是最大限度地減少人類勞動力。Telexistence 宣稱其機器人的運行時間中需要人類員工介入的時間只占 2％，這意味著店裡 98％的人類員工會被機器人取代。當然，製造、操作機器人也需要勞動力，但要員工快速接受並適應改變的勞動力特性和工作環境並不容易。

　　接著，讓我們來想想看人類創造的先進技術會如何改變空間的物理時間特性。我在 2000 年代初為某所公共圖書館提供諮詢時設計過一種模型。我提議在所有的館內書籍背面貼上 QR Code。只要讀了某本書的人掃 QR Code，就會進入一個能留下該書心得的留言板。如果想讀這本書的人掃 QR Code，這個人就能看到其他人上傳的讀書心得。

　　包含亞馬遜在內的所有網路書店網站上都會提供書評，但我的目標是提供與其不同的體驗。訪問社區圖書館的人大多都是那個地區的居民。我想做的事情是讓共享同一個物理空間的人（如住在同一個社區的居民、在同一家公司工作的同事）在看過某本書後分享自己的想法。在「空間軸」中，一個點代表一個空間，而我想讓共享某個空間的人們的讀書體驗跨越過去

和現在，也就是跨越「時間軸」。我想在空間裡標註人們的回憶，將過去和現在連結起來。

　　加拿大電影中心的媒體實驗室就推動了一項概念與我的想法類似的計畫。這個名為「Mur Mur」的計畫以多倫多為起點，擴展到了溫哥華、加州、愛丁堡、香港等地。[5] 計畫團隊在多倫多各地貼上了「Mur Mur」標誌，只要打電話到標誌上的電話號碼，就能留下語音留言或自己的故事。其目的就是以這種方式記錄並分享各地的插曲和回憶。

　　透過當地居民的參與，Mur Mur 計畫收集了與各個場所有關的人們重要的回憶和插曲，並讓所有人都能輕鬆接觸到這些過去。其收集到的留言中，有人建議其他人去走走看某條路或從某個角度看某個地方，也有人單純留下了個人的回憶或歷史性質較強的插曲。比起提供各都市和場所的官方訊息，這項計畫讓消費某個空間的居民們分享了自己的日常生活。

　　這項計畫讓人們發現了隱藏在枯燥乏味的空間背後的故事，並把它們打造成了別具意義的空間。照理來說，住在某個空間的居民們的故事會隨著時間流逝而被淡忘，但 Mur Mur 將「時間軸」串聯了起來，因此人們發現了原本只存在於那個地區的居民腦海中的空間。法國哲學家狄雪圖在其著作《日常生活實踐》中提到「剪下地圖等同於剪下故事」，他還強調了城市漫遊的敘事會賦予空間意義。尖端科技正在跨越空間的物理時間軸，開啟這種說故事的可能性。

將創造世界

　　與我合作的企業中，有很多企業的辦公室都在河邊的高樓大廈裡。河邊的高樓大廈是都市裡空間成本相當高的地方。在這樣的辦公空間裡，總經理辦公室和接待貴賓的會客室基本上都會在窗邊。窗外河水悠悠流淌，河邊綠樹成蔭。「總經理，您在那條河搭過船嗎？您有沒有沿著那些樹叢散步過呢？」每當我這麼問時，對方十之八九都會揮著手說沒有。對他們來說，河流、樹叢和市中心的大自然只不過是觀望的對象。

　　當居住環境的人工性和複雜性達到一定程度時，人類就會開始渴望大自然。當大都市的生活帶來壓迫感而使人們懷念田園的和平時，人類就會夢想大自然。讓我們來看一下節選自地理學家段義孚的著作《戀地情結》中三個詩人的一小段詩。[6]

詩人一：我家附近有一口泉水，旁邊有一片小樹林，還有
　　　　一個庭院。
詩人二：我的小屋被樹木圍繞、樹影搖曳，鳥兒們也在小
　　　　窩裡歡欣鼓舞。
詩人三：到了夏天，你會發現我坐在樹下、手裡拿著一本
　　　　書，或在愉快的孤獨中若有所思地漫步。

　　這三個詩人分別是哪個時代的人呢？詩人一是西元前 65 年～前 8 年的賀拉斯，詩人二是 4 世紀的陶淵明，詩人三是 18 世紀的亨利‧尼德勒。我們在讀這三首詩時，並不會感覺到它們有時間差，但如果他們的詩描述的是自己居住的城市，我們應該就會感受到不小的時間差。就算時間流逝，大自然依舊會保持原本的樣貌，相比之下，人類打造的都市和空間瞬息萬變。

　　再讓我們回到河邊的辦公室。隨著時間的推移，都市空間的人工性和複雜性正在不斷地增加。在這樣的環境中，人類渴望大自然。人類就像是在望著已經離得太遠而再也無法回去的故鄉，望著大自然。為了度過當下，人類需要都市，但都市卻讓我們感覺它離我們的理想世界越來越遠。住在都市的人渴望在大自然中度過未來。對人類來說，大自然就宛如理想世界。

　　那麼，人類是否能透過不斷進步的技術，到達另一個理想空間呢？英國哲學家卡爾‧波普爾提出了「三個世界理論」，他將世界一分為三。[7] 三個世界理論是為了理解現實和知識本質而建立的哲學架構。這個理論劃分的三個世界如下。

- **物質世界**：指岩石、樹木、星星等物體和現象的世界，是自然科學研究的世界。
- **意識世界**：指人類主觀體驗、思考、從情感上感受的世界，是心理學和社會科學研究的世界。
- **資訊世界**：指藝術作品、書籍、科學理論等人類創作物

的世界，是人文學和藝術界研究的世界。

　　波普爾的三個世界理論影響了哲學等多個領域，但也被批評過分簡化了現實的本質且無法解釋不同世界之間複雜又動態的關係。儘管如此，這個理論仍然是人類研究、理解知識本質和周圍世界的重要模型。

　　波普爾的資訊世界會透過意識世界讓人類活動，而活動結果會影響物質世界。為了幫助各位理解，我來舉一個簡單的例子。假設我們想蓋一個「完美的球形房子」。那麼，「想到要蓋這種房子」是資訊世界，「設計如何在實體世界中蓋出這個房子」是意識世界，而「真的去蓋這種房子」是物質世界。我認為這與元宇宙有交集。我們會把在非實體空間，也就是在以數位形式組成的空間進行溝通、展開活動的虛擬世界稱為元宇宙。

　　讓我們再回來看蓋房子這件事。人類會在物質世界蓋出我們在資訊世界創造的房子，然後透過意識世界體驗它。如果把這套理論套用在元宇宙上的話，就會變成我們先想像一棟不存在於物理現實中的房子（資訊世界），然後使用各種數位技術在電腦裡蓋出這棟房子。有趣的是，雖然電腦是物質，但在電腦裡的房子並不存在於波普爾所說的物質世界。因為那棟房子並沒有實體。但我們可以利用數位設備和腦機介面，在意識世界中體驗那棟房子。

　　人類有沒有辦法在實體世界中蓋出完美的球形房子呢？答案是不可能。完美的球只存在於意識世界。受到建築技術上的限制，勢必會產生誤差。但只要利用元宇宙這項數位技術，就能體驗到完美的球形房子。

　　下面讓我來解釋一下為什麼我會把卡爾‧波普爾的三個世界理論和元宇宙串聯起來，把事情解釋得這麼複雜。數位技術和元宇宙不但可以用來複製、替代原有的空間，還可以在更高層次上讓人類體驗到在物理現實中無法體驗的理想空間。我們有機會創造出過去在科技、環境、經濟方面受到限制而未能打造的理想空間。那將是一個能創造新世界，而不是改造原有空間的階段。人類將進入克服科技、環境和經濟的侷限性，能夠去想像對人類來說真正理想又美麗的空間的階段。

　　簡而言之，空間的技術進化具有讓人類有機會連結到理想空間的可能性。由於結合了理想和技術進化，所以看起來沒有任何問題，但事實並非如此。人類還沒有在空間實現技術進化的過程中解決其沉溺於物理空間而引發的各種環境問題。在空間實現技術演化的過程中發生的環境問題主要如下。

　　第一，電子廢物增加。這類電子廢物包含會汙染環境並危害生命安全的毒性化學物質和重金屬。

　　第二，能源消耗增加。利用數位技術生產或使用數位技術時，特別是在營運數據中心時，會需要大量的能源。其中，大部分消耗的能源為化石燃料。這會對溫室氣體排放和氣候變遷

造成負面影響。

　　第三，資源枯竭問題。數位技術和設備會用到稀土金屬等各種自然資源，但這類資源正在變得越來越稀少又難以獲取。

　　第四，用水量增加。利用數位技術生產時，會需要大量的水資源，而這有可能會導致水資源短缺地區出現缺水問題。2022 年，美國媒體 Oregon Live 透過訴訟取得了 Google 資料中心近十年的用水量數據。該數據顯示，Google 在達拉斯營運的資料中心就多達三個，而在其設立這些資料中心後，達拉斯的用水量增加了三倍以上，這當然對當地生態產生了重大影響。

　　人類似乎在透過人工演化邁向理想世界，但人類身處的物理現實卻正在變得越來越黑暗。人類解決人工演化造成的環境問題的速度，應該跟上人類實現人工演化的速度。

權力將崩塌

人類會在進入人工演化期後，跨越空間的物理距離和在空間流動的物理時間這兩個軸。因此，未來的人類將能把活在不同時間點的人連結起來，並讓人們不需要移動身體就能到達原本得移動身體才能到達的空間，同時捕捉在空間中發生的行為。此外，人類還會達到克服了科技、環境和經濟的侷限性、打造出理想空間（如卡爾‧波普爾在三個世界理論中提到的資訊世界）的境界。

在此過程中會出現三個現象。首先，會出現人口集中都市且空間權力化減弱、空間消費個人化這兩個正面現象。但人類依舊會有肉體，因此人類會變得想消費更加差異化的物理空間，並將物理空間的權力特性投射到數位空間。

第一個現象，人口集中於都市且空間權力化減弱。世界銀行（World Bank）公布的數據顯示，2021 年全球人口中有 56% 的人住在都市，韓國的都市人口比例甚至高達 81%。為什麼人類會聚居於都市呢？理由很簡單。因為人們想要以高成本效益享受更多的基礎設施。在大都市，光是 20 ～ 30 分鐘的距離內，就有好幾家大醫院、學校和購物中心。密集的基礎設施能縮短交通時間，因此都市居民一天能享受到更多的空間體驗。

　　此外，都市有更密集的交通和通訊服務來填補空間。密集度最高的空間為垂直型的超高層建築物。人們會利用電動步道水平移動、利用電梯垂直移動。超高層建築物還在與外部隔絕的單一建築物裡最大限度地承載了人類的慾望。

　　每當我為了提供諮詢而訪問企業高層或最大股東所在的超高層建築物時，都會發現他們之中大部分的人都在那棟建築物的高樓層裡。組織中待遇相對較低的員工則會在那棟建築物的低樓層或地下樓層工作。由這種建築物組成的都市又如何呢？人們嫌惡的設施、低收入群體居住的區域大多都在郊區。

　　對於我所描述的情況，大家應該都很熟悉。這份熟悉象徵著空間的權力關係。也就是說，人類會將較高、較內側的空間視為有錢人、有權勢的人的空間，將較低、較外側的空間視為窮人、權力較低的人的空間。因此，人類正在湧入都市，尤其是市中心，並渴望登上市中心的大廈高樓層。

　　某家企業的董事長曾在與我用餐完後，要我俯瞰窗外的都市景觀。平時的我只有眺望天空的份，所以當我那天俯瞰窗外時，我被我所在樓層散發的空間的力量和那個空間傳遞給我的訊息震撼了。空間是為人類傳遞訊息的最大的媒介，也是在人類生活中能傳遞最大量訊息的媒體。因此，人類的精神不容易擺脫空間的力量，空間有時還會成為構成人類精神的主體。

　　前面提到的 Dawn ver. β 咖啡廳和 Mur Mur 計畫正在利用新技術克服空間的物理特性帶來的限制。技術無法改變空間的

所在位置、面積和其物理時間。但人類能主觀地感知、理解並透過技術改變被烙印在精神上的空間。這意味著卡爾‧波普爾所說的意識世界會發生變化。也就是說，會認知到空間的人類「精神軸」今後會演化。如果認知空間的「精神軸」演化，那人類在漫長歲月中經歷並積累的對物理空間的裡和外、高和低的認識會發生改變。

　　要從根本解決人口過度集中都市、人類過度執著於土地和建築物等非流動資產、非流動資產引發社會失衡等問題，最終關鍵就是人類隨著「精神軸」演化改變自己的認知和想法。未來的人類不會再像現在這樣被都市綁住，而是能享受更多樣的地理位置和空間。

　　第二個現象，就算是同一個物理空間，人類也會各自將其經過個人化後再消費。每個人的腦中都有一張關於空間和都市的地圖。人類在空間裡移動、消費時會照著那張「精神地圖」走。例如，我主要逗留的空間是我的大學研究室，而我大多會以我的研究大樓為中心，往返於教學大樓、圖書館和步道。隨著反覆體驗各空間和路線，我的記憶會不斷累積，而我的腦中當然就會出現一張由這些記憶構成的地圖。讓我們來看一項把這種精神地圖進行了視覺化的計畫。

　　這是一個名為 Amsterdam RealTime 的計畫，其目的是探索數位技術、人類的移動和空間環境之間的關係。該計畫先利用 GPS 技術即時追蹤了計畫參與者於阿姆斯特丹市區移動的路

徑，然後將其移動模式繪製成動態地圖。更具體地說，計畫參與者使用軟體記錄了自己一整天在都市內移動的路線和在此過程中經歷的體驗。接著計畫小組彙整了軟體收集到的 GPS 數據，並在阿姆斯特丹的地圖上將其進行視覺化，重新繪製了阿姆斯特丹的地圖。[8]

透過這項計畫繪製地圖的既不是政治家、行政人員，也不是都市計畫專家。這個地圖承載的是都市居民們的生活和精神。這種承載著都市居民的生活和精神的地圖將會成為未來都市的設計框架。即便是同一個實體都市或物理空間，人類個體也都會透過科技，享受到不同的空間體驗。

第三個現象，為了仍存在於物理世界的身體，人類會變得更想消費更加差異化的物理空間。人類對身體的認知並不會因為人類實現了人工演化就完全改變，因為人類仍然擁有生物學上的肉體。生物學上的肉體依舊會本能地想將自己與其它人進行差異化。這個小節提到的空間權力化減弱的現象和空間體驗個人化的現象反而會更強烈地刺激人類想進行差異化的慾望。

個人夢想擁有一座島嶼或一般人夢想去太空旅行就是一個例子。個人擁有島嶼象徵人類對最終控制權和休息的慾望，也象徵人類逃離互相連結的複雜世界。耗資天價購買、開發島嶼則象徵有錢人想克服其他人面臨的挑戰、開闢出專屬於自己的樂園的慾望。

原本只有政府機關能踏入的太空旅行領域如今也成了富裕

階級炫耀財富的舞台。這雖然證明了人類具有獨創性，但也暴露出了少數特權階級和大多數人享有的資源和機會有著巨大的差距。

　　人類想擁有並體驗經過差異化的空間的慾望不僅會在物理空間中表現出來，還會在數位空間展露無遺。元宇宙裡就已經出現了房地產的概念，其價格還會根據地理位置而有差異。有的企業和富裕階級甚至會爭奪人口密度和交通流量較高的空間。

　　能擁有、體驗這種經過差異化的空間意味著人類的慾望和創新達到了巔峰，但它也在提醒著我們人類還有長久以來未能解決的社會失衡問題。人工演化期的人類仍然無法完全擺脫這個問題。因為人類雖然透過人工演化實現了擴展，人類仍然有肉體。

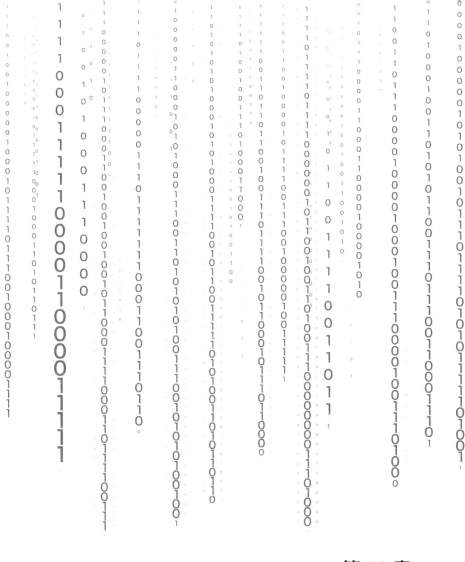

第 11 章

學習

我們透過在這個世界中所學到的，

去選擇我們的下一個世界。

如果什麼都沒學到，

那你的下一個世界就會像這個一樣，

必須克服同樣的限制和同樣沉重的負擔。

　　　　　　　——李察·巴哈，《天地一沙鷗》

「金教授，我當教授當了 30 年，發現這個世界不怎麼會變。所以你就別費心思去做有的沒有的嘗試，直接教你學過的東西就可以了。」這是我當上教授的第一年，一位前輩對我說過的話。當時的我正在努力設計一套學習主題和授課方式不同於以往的課程。看到我那麼努力，前輩有點擔心，他一邊用有點可憐我的眼神看著我，一邊給了我這個建議。先不論那個前輩說的話是對是錯，總之，那句話成了我教授生涯中的一個重要議題。

我思索了這個世界是不是真的沒有變，以後會不會改變。現代人類，也就是智人，30 萬年前左右出現在地球上，但現代人所熟悉的電子、機械、數位技術大多都是 100 ～ 200 年前才問世的。綜觀人類歷史，就會發現科技發展的速度正在變得比人類感覺到的快。

　　若回顧數位技術領域，1990 年全球網路使用者數只有 30 萬人，但 2020 年時突破了 46 億人。才 30 年就發生了如此巨大的變化。在生物技術領域，人類於 1994 年培育出了第一顆基因改造番茄。2019 年，全球基因改造作物種植面積中，棉花占了 13.5％，大豆占了 48.2％。此外，在高達 1 億 6,600 萬公頃的美國總耕地中，有 7,150 萬公頃（占 43％）種的是基因改造作物。短短 25 年就發生了如此驚人的變化。

　　1990 年，人類開啟了繪製人類基因組圖譜的「人類基因組計畫」。2003 年，人類僅花了 13 年就完成了基因組圖譜。這比原本預計的 15 年提前了 2 年。無論我們有沒有感受到這個變化，這個世界變化的速度確實正在加快。

　　哲學家路德維希・維根斯坦曾說過：「我的語言的界限，就是我的世界的界限。」人類不僅面臨著快速的變化，還站在文明的轉折點上。人類的未來會變得與現在不同。如果只學習現在的語言，將無法在未來存活下來。是時候思索未來的人類會需要什麼語言，又該如何學習那個語言了。讓我們來看看人工演化會如何改變人類的學習。

大學將消失

「教授，未來還會有學校嗎？」我去演講或為人提供諮詢時，偶爾會有人問我這個問題。如果要探討整個教育體系，範圍會變得太廣，因此我們就只先探討我的職場——大學的未來會變得怎麼樣。

在探討未來是否還會有大學之前，我們得先想想為什麼會有大學？大學存在的理由基本上有五個。第一，大學具有為學術能力提供認證的功能。大學會頒發畢業證書給學生，向公司或上級教育機構保證畢業生具備一定程度的智力。第二，大學會提供學生、教育人員、研究人員和業界專家一個能建立網路、互相合作的平台。大學會匯集優秀的人才、讓大家一起學習，藉此產生巨大的協同效應。第三，大學會作為研究和創新的樞紐，引領技術發展、拓展知識邊界。如果沒有大學，人類會無法診斷出癌症，出了重大事故時，患者會必須在沒打麻醉藥的情況下直接躺上手術台。我們很難想像沒有大學的現代文明。第四，大學能培養學生的各種社交技巧，如合作溝通能力和領導力。第五，大學會維護、發展知識，並將知識傳授給下一代。

大學的認證功能和光環效應未來將會減弱。隨著越來越多沒有大學畢業但利用各種數位平台和 AI 導師學習的人在社會

中展現出不比大學畢業生差的能力，社會意識將會改變。

　　大學建立網路的功能今後會以更快的速度減弱。其實，現在就已經有許多數位平台不分使用者的國籍、語言和年齡，在為各個領域、水準不一的使用者提供能進行交流、互助、合作的空間了。利用 AI 分析這些平台使用者的數據來幫助使用者建立新網路的平台和商業模式今後將會快速成長。

　　未來將會出現更多能讓人們進行研究、提升社交技巧、傳授大量知識的「替代方案」。此外，隨著生命週期和生活風格像我在前面提到的那樣發生變化，人們會越來越強烈地要求大學在學習年齡、學習主題和學習方法這三個領域追求創新變化。在最先經歷危機的人文學領域，就已經有許多大學以外的其他教育機構在做各種新的嘗試了。

　　隨著大學授予認證、建立網路的功能不再像過去那樣得到人類社會的認可，今後將會有大量的大學倒閉。此外，隨著越來越多大學未迅速培養出能與「替代方案」抗衡的競爭力並實現創新變化，今後會有更多大學倒閉。若回顧歷史，就會發現大學之所以會成功，是因為匯聚到大學的人才吸引了校外人才，產生了「馬太效應」，但如果人才不再匯聚到大學，那大學有可能會像銀行一樣發生「擠兌現象」。

　　也就是說，人們腦中的傳統大學今後會逐漸在人類社會中消失。但這不代表所有的大學都會倒閉。在上述三個領域實現創新的大學仍然會是高等教育機構，只是它扮演的角色會與現

在的大學不同。

　　第一，今後將會有大學大膽換掉教授原本扮演的角色。現在的大學教授主要都是透過講課來指導學生。但大學教授未來將會扮演指導者（Mentor）、促進者（Facilitator）、數據分析師和尖端科技應用專家的角色。更具體地說，未來的大學教授將成為根據自己的人生、學術經驗和智慧，為學生提供指引和建議的導師；利用各種方式促進學生小組活動的促進者；負責分析學生的學習紀錄、為學生設計個人化學習體驗的數據分析師；以及在此過程中為學生們介紹必學不可的尖端科技，並傳授使用方法的尖端科技應用專家。此外，未來的大學教授扮演的角色中，最受重視的將會是指導學生深入了解並使用用來擴展人類的科技，如元宇宙、量子電腦、機器人和 AI。人們現在雖然把這些技術視為專屬於工程領域的技術，但未來不管主修科目為何，人們都會把這些技術當作工具來使用。

　　第二，學習主題會變得相當多元化並被細分。此外，未來還會出現主動預測社會變化的課程和科目。我雖然在大學工作，但也常常會收到小學生和國高中生的電子郵件。很多學生都會在郵件中問我他們該去哪個教育機構才能學到自己想學的東西、又該如何學習。如果去看這個世界這幾年發生變化的速度和大學的學習主題，就會發現目前大學變化的速度遠不及教育需求者的期望。大學沒有必要每個學期都換掉所有課程，但如果課程內容跟十年前一模一樣，只有改科目名，那大學將無

法證明其存在的理由。未來將會有越來越多大學科目讓人想知道為什麼要學這門陌生的科目，也會有越來越多學生親自把各種課程組合成新的科目。

學習主題多元化與大學生的組成有很大的關係。目前大學生的年齡為 20 幾歲至 60 幾歲，年齡層分布正變得越來越廣。今後學生的年齡層會變得更廣、各年齡層的學生分布會變得更均勻。也就是說，未來校園裡的大學生或研究生不會像現在一樣主要為 20 幾歲至 30 幾歲。我們以後會很難只靠外表區分學生和教授。

第三，大學會致力於培養學生的數位素養、批判性思考能力、創造力、線上及線下合作能力、變化適應能力和情商。傳遞－接受式課程目前占大學課程的一半以上，但這種課程今後將會消失。學生們將利用線上平台和自動化導師服務，學習內容固定不變的理論和知識，並如前面所提，從扮演指導者、促進者、數據分析師等角色的教授那裡學習軟技能。

簡單地說，原有的大學將會消失，現有的大學系統將會崩解。大學招牌為我們帶來光環效應並幫助我們建立人脈網的時代將會拉下帷幕。未來的大學將會發揮與今日不同的作用，並建立新的體系、繼續扮演高等教育機構的角色。

當環境因素發生劇變時，最大的風險不是劇變的環境，而是打算以過去的習性度過未來的態度。以這種態度生存的個體會在演化的過程中被淘汰並滅絕。同樣地，大學的未來取決

「大學」這個個體的態度，而非發生劇變的環境。

學習就是體驗

　　知識和體驗存在於外部世界。把存在於外部世界的知識和體驗變成自己的東西，是人類追求的真正的學習。在此過程中，人類會直接或透過媒體間接接收他人的想法、知識和經驗。雖然根據教育主題和學習領域會有所差異，但到目前為止，大多數的教育方式都是教師和學生在線下見面，然後由教師為學生講解、示範或播放影片給學生看。學生能實踐或親自體驗的機會相對較少。另一方面，現在的學習過程大多都是由人類教師在主導，因此很難考慮到每個學生的情況。但未來的教育會迎來三個變化——以個人化、體驗和樂趣為中心。

　　首先，讓我們來看看未來的教育會以個人化為中心發生哪些變化。當一名教師負責教數十名學生時，往往很難照顧到所有學生的學習傾向。教師通常會在授課時把學習能力中等的群體當作基準。學生們則會透過課外輔導來縮減由此產生的差距。

　　今後的教育會如下實現個人化。當教師必須同時為多名學生講課時，教師可以利用各種腦機介面技術和分析方法，自動又精準地確認每個學生的專注度和理解程度。教師還能利用 AI 技術，根據學生的學習風格和感興趣的領域，為每個學生提供

個人化的學習體驗，並在分析學生的學習成果、學習模式和偏好後，根據分析結果調整授課內容和教學策略。[9]

　　教師將能分析學生的生活紀錄，深入了解學生對職業、社會關係和未來出路的煩惱，並為學生提供相應的職涯課程。所有的學生都會覺得自己身邊隨時有一個專屬於自己的教師。人類將會進入學習民主化階段，所有人都將能享受到過去專屬於特權階級和富裕階級的客製化學習環境。

　　此外，現在的教育體系有很大部分都是以非身心障礙者和年輕人為中心。運動器官或感覺器官有障礙的學生經常會無法參與學習或在學習的過程中受到限制。但腦機介面技術會為身心障礙者的學習帶來變化。這些學生今後將能在與他人溝通或與機器設備互動時利用腦機介面技術，因此他們將能不受障礙的影響，參與各種學習活動。例如，只要視障者利用腦機介面技術，就能透過視神經傳遞文字和影像。目前視障者只能以觸覺器官和聽覺器官代替視覺器官，但未來的視障學生將能根據自己的喜好決定要使用哪個媒介。也就是說，身心障礙者未來將不會再需要讓自己適應學習內容和環境，學習內容和環境會反過來為身心障礙者進行個人化。

　　目前人類提供的教育大多都是工業時代出現的大規模教育，並且以平均群體為中心。但人工演化期的學生將不再是需要跟上平均群體速度的數十人之一，未來的學生將能按照自己的方向和節奏踏上學習之旅。

接下來，讓我們來看看教育會如何變成以體驗為中心。量子運算、元宇宙和機器人會提供學生們無限的體驗。量子運算會讓學生們透過模擬體驗複雜的情況和實驗。都市計畫、機械力學、航空等各種領域目前已經在使用模擬技術了。如果量子運算普及，人類就能以分子和原子為單位對世界進行建模，並根據所有的物理和化學定律進行模擬。這麼一來，替代體驗的範圍和真實感會擴大、提升到當前水準無法比擬的程度。舉例來說，如果某個農作物真的要進行栽培實驗會需要一年的時間，但我們能使用量子運算技術，把各種化學物質組合成新的肥料後為農作物施肥，而且我們只要花幾十秒鐘，就能觀察到那個農作物一年後的樣子。

元宇宙和機器人會最大限度地提升這種體驗的空間存在感和物理臨場感。例如，學戲劇的學生可以設定自己想要的劇本、舞台和演員，練習各種角色的演技。舞台是存在於數位現實的架空空間，對手戲演員則是以 AI 運作的虛擬化身。

韓國企業銀河公司（Galaxy Corporation）正在獲取許多國內外藝人和名人的虛擬化身的智慧財產權。如果銀河公司的商業模式與這種教育結合，那學生們就能把著名演員的虛擬化身設定為對手戲演員，與它展開充滿真實感的演技練習。此外，就算學生們不聚在同一個物理空間，也能一起練習演技。大家可以在各自所在的空間遠距上線後一起練習。學生們可以排練更多次，也不需要支付場地費，而且還能自動播放從各個角度

拍攝的練習影片進行分析。如果就像我在前面探討未來的教育
會以個人化為中心發生哪些變化時所提的那樣,引進個人化的
AI 教學系統,那 AI 教師會分析錄製的影片,並仔細指導學生
的演技。學生還能在機器人的幫助下,練習自己一個人時無法
做到的動作,或與機器人演員在物理空間中練習演技。

　　最後,學習過程將會變得充滿樂趣,也就是實現遊戲化
(Gamification)。遊戲化指將遊戲中常用的元素應用到非遊戲
領域。遊戲化會將遊戲的製作規則、故事、美學刺激等元素應
用到非遊戲領域,來提升使用者的動機。[10] 也就是說,遊戲化
會把讓人們狂熱的趣味要素加到人們感受不到樂趣的學習過程
中。未來大部分的教育課程會利用 AI、元宇宙和量子運算,提
供學生各種客製化的角色扮演體驗和遊戲敘事,來減少學生在
學習過程中感受到的壓力並提高沉浸感。

　　例如,我們可以在上領導力培養課程時,讓學生戴上虛擬
實境設備、到架空的無人島執行任務,並調整各種設定,像是
與意見不同的人發生衝突、缺乏資源、有被不明團體攻擊的風
險。學生會在這些設定下變成主角,去解決各種問題。如果學
生遇到困難,會有助手出現,助手會基於哲學、心理學和管理
學知識,為學生提供建議。學生的判斷會決定接下來的開展,
就像遊戲會給玩家反饋一樣,而這會激發學生的成就感。學生
會覺得自己就像玩了一場無人島生存遊戲,而且在遊戲結束
後,不僅學到了各種關於領導力的理論,還透過體驗把它們變

成了自己的東西。

　　簡單地說，人工演化期的教育將不再是由一名教師同時向
數十名學生傳遞同一個訊息，然後由學生各自在腦中想像並學
習。人們也不會再認為學習的過程一定都很痛苦。學習是人生
的一部分，而且還占了相當大的比例，會想在這樣的過程中追
求樂趣是理所當然的事。到了人工演化期，實現擴展的人類個
體會愉快地接受個人化教育，並且會透過實際體驗，把學到的
東西變成自己的東西，而不是只有心裡想著要實踐。

哲學就是一切

　　隨著各種學習過程透過人工演化變成以個人化和體驗為中心，人類的整體學習效率將會提升。但在這個過程中會出現許多哲學問題，導致人類社會變得比現在更重視哲學教育，這個現象也會更多地反映在教育課程中。另外，因為以後會由機器全權負責對現象進行基本調查、分析和整理，人類會開始認為人類學習的目標是培養能在哲學基礎上做出重大決策的能力。

　　進入人工演化期後，哲學議題和相關教育會在四個方面發生變化。**第一，是關於人類存在的議題。**生物技術和奈米科技的發展會被用來活化人腦的特定區域或特定功能，或被用來改變性狀，以提高理解能力和思考能力。但這時會出現兩個問題。一是從道德層面來看，我們究竟能改造人體到什麼程度，二是人體改造程度會根據個人的經濟能力出現差異，貧富落差可能會導致智力差距。從長遠的角度來看，人類社會應該會規定只能將這類技術用來治療障礙或疾病，但由於會有越來越多人試圖逃避管制，提升社會意識和提供相關教育會變成一項重要的課題。

　　此外，隨著人類、機器和大自然的界限變得越來越模糊，探索、理解人類存在的意義會變得非常重要。人類今後會探索

人類、機器和動植物在心理、意識方面有什麼差異，並學習判斷地球上的各種存在會如何在新世界中互相連結的哲學標準。

　　第二，是關於人類主體性的議題。本書提到的科技主要包含生物技術、奈米科技、AI、量子運算、腦機介面、元宇宙、物聯網和機器人。隨著這些科技滲透到人類社會，人類會變得過度依賴技術、缺乏責任感，並被動地接受科技的產物。人類明明是為了變得更自由而實現人工演化，人工演化卻有可能會反過來摧毀人類的自由。因此，我們應該加強教育，讓人類能在技術決定論和人類選擇論之間保持平衡。

　　第三，是關於社會問題的議題。隨著各種人工演化相關技術快速發展並被廣泛應用，今後會出現個人資料保護、安全、濫用、意外事故等諸多道德倫理方面的問題。以科技為中心的龐大社會中，還會出現權力集中、不平等、不均衡等新的矛盾因素。為了理解並解決這些社會困境，人類必須大規模完善法律制度。為了提升社會成員對這些問題的意識並達成共識，與人工演化有關的社會問題相關教育今後將會增加。

　　第四，是關於地球生態系統的煩惱。實現人工演化的人類將對地球產生更大的影響。此外，人類將能利用腦機介面和 AI 技術，在一定程度上讀懂動物的想法和感情，對待地球上動植物的態度會因此變得與現在大不相同。人類將會思索人類該在地球生態中扮演什麼樣的角色，而不是單純只是為了後代保護環境。

　　哲學家兼數學家伯特蘭・羅素曾說過：「科學是那些我們已經知道的東西，哲學是那些我們還不知道的東西。」人類對科學的理解和人類對哲學的理解之間有著差距，而這個差距正在逐漸擴大。為了縮小這個差距，人類未來會把更多的哲學主題融入到教育。

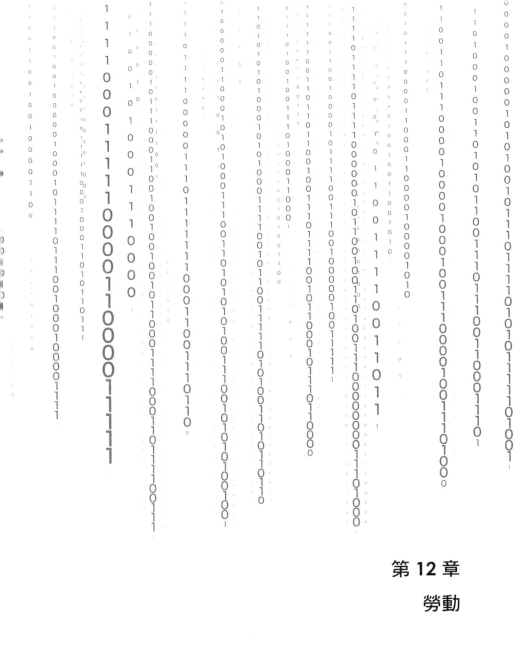

第 12 章

勞動

「請你告訴我，我現在該往哪個方向走？」

柴郡貓回答：「那得看你想去哪呀！」

——路易斯・卡羅，《愛麗絲夢遊仙境》

綜觀歷史，勞動是一種人類用來延續生命、繁衍子孫的手段。勞動始於狩獵、採集和農耕，但隨著社會日趨複雜，人類社會逐漸發展出了專門職業和貿易。從哲學角度來看，就如亞里斯多德、馬克思等思想家所想的那樣，人類會透過勞動追求自我成就感和共同利益。

從生物學角度來看，勞動是人類能量和適應力的表現。從社會學角度來看，勞動在定義社會結構、認同感和關係方面發揮著重要的作用。人類在為共同的目標工作時，會產生共同體意識和歸屬感，因此勞動又與社會凝聚力有關。從經濟學角度來看，勞動是重要的生產要素，它會推動成長和發展。

像這樣，對人類來說，勞動具有許多重要的意義。但如果去看勞動現場，就會發現現實並沒有那麼美好。人類至今都還沒有解決童工和強迫勞動的問題。全世界目前約有 1 億 5,200萬名兒童被投入勞動市場，有 2,500 萬名勞工被強迫勞動。[11]此外，收入不平等問題也尚未得到解決。1980 年至 2016 年，在全球收入總增長中，收入前 1% 的成人就占了 27%。[12]

　　美國壓力研究所的報告顯示，2022 年，有 83％的美國上班族有工作壓力，每年因員工工作壓力產生的醫療費用就高達 1,900 億美元（約新台幣 5.9 兆元）。美國勞動統計局發布的資料則顯示，自 2000 年代初起，美國的工作場所自殺事件開始呈現出了劇增趨勢。官方報告的「因自殺導致的工作場所死亡人數」從 2005 年的 180 起增加到了 2019 年的 307 起，創下了美國勞動統計局自 1992 年追蹤該數據以來的最高紀錄。

　　過去的文獻中也記有勞工在工作時遇到的各種困難。英國詩人喬叟的小說集《坎特伯雷故事集》就描述了中世紀人的生活，並揭露了農民、農奴、紡織匠、染色匠、木匠等當時的勞工遇到的各種問題，如被分配過重的體力勞動、受到惡劣的待遇、社會流動機會被剝奪。

　　綜觀人類歷史，就會發現無論是哪個時代、哪個文化圈，人類的生活和社會都與勞動有著密不可分的關係。人類認為勞動必不可少，但在如此重要的領域卻還是不停發生各種問題。讓我們來看看人類在進入人工演化期後，會打造出怎麼樣的工作環境。

個人就是企業

　　前面曾經提及，人類會在進入人工演化期後，使用八項技術來擴展身體和精神。讓我們來想像一下透過人工演化實現擴展的我們會變成什麼樣子，又會具備哪些能力。我們的身體會變得比前幾代人強壯，還可以輕鬆地使用外化的知識工具，一個人就能在短時間內完成原本得由數十人花好幾天處理的知識工作。我們將不用再學複雜的工具或出遠門。我們將能利用腦機介面技術，靠意念控制複雜的技術工具，並利用元宇宙技術在數位空間裡完成大部分需要合作的任務。我們還能利用機器人完成大部分需要在實體世界移動或確認的工作。我們以後會花更少的時間處理更多的事情，而且壓力會比現在小。

　　另外，我們不會再被一份工作或一個職場綁住。如果是過去，大家會對這種可變的工作環境感到非常不安，但人類的整個工作環境未來會全面發生變化。我們和企業之間的僱傭關係會變得非常有彈性，排他性的僱傭關係會逐漸消失。我們的能力和特徵都會被記錄成數據，然後被自動配對到與我們預設好的條件相符的工作，我們還將能同時處理多家公司的多份工作。

　　發生這種變化的好處是我們可以親自決定自己的工作時

間、場所、內容和條件。當然,我們得先配對到企業。如果從客觀角度來看時,我們有自己的職場競爭力,那我們會比過去的專業人員得到更好的待遇,我們的收入會增加,工作時間會減少。

相反地,如果從客觀角度來看時,我們缺乏職場競爭力,那情況就會變得很不樂觀。2015 年的一項調查顯示,約有三分之一的英國勞工認為自己的工作沒有為這個世界做出有意義的貢獻。[13] 就算我們缺乏職場競爭力,過去的組織內部還是有能讓我們躲藏的空間,但未來的組織會按個人和工作時間測量並分析關於工作的一切,因此我們會變得無處可躲。如果我們在這樣的工作環境中缺乏競爭力,那能被配對到的工作就會逐漸減少。

也許有人會想,我們可以去找幾份薪資非常低、條件相當差的工作,但這種工作未來幾乎都會交給機器去負責。企業如果無法提供社會和經濟體系有意義的產品或服務,會無法在市場存活下來,而未來的人類個體會變得像企業一樣。我們將進入人類個體必須像經營企業一樣經營自己的時代。

過去,個人是用來達成企業或組織目標的分工單位。很多時候,勞工個體並不會去關注自己負責的工作與群體目標有什麼關係、群體目標的最終目的為何,但人工演化期企業化的勞工會根據各自的目標和目的意識採取行動,變成勞動的主體。以後制定目標和目的將會是人類個體,而不是組織。因此,就

如第 11 章提及的，奠定哲學基礎的課程會變得越來越重要。否則，勞工在以個人為中心、必須由自己制定目標和目的的工作環境中，會變得像在茫茫大海漂流一樣，感到混亂又無力。

在這種情況下，未來可能會出現類似於股市的市場，只是交易對象會變成人類個體，例如根據我們個人的價值進行交易的股市。我們的工作經歷和收入會在不侵犯個人資料和隱私的情況下被加工後披露給市場參與者，而未來會有人投資我們的未來，以獲取我們的未來價值。當然，就像不是所有的企業都能上市一樣，不是每個人都能成為交易對象。未來很有可能會形成一種允許具備一定規模和條件的人類個體拿自己的未來價值進行交易的市場。雖然已經有人在嘗試對一些運動明星、藝人和政治家進行排名，或像股票一樣替他們估價，但這個市場還未穩定下來。人類沒有理由阻止這種以勞工個體為對象進行交易的市場形成。

人類未來會根據各種數據，精密地衡量一個人的信用和信任度（相關內容會在第 13 章進一步說明）。在這種情況下，今後會有金融機構根據我們的未來價值提供我們資金。這與人類目前根據收入、資產和職業向銀行貸款的概念不同。企業會讓金融機構根據各種指標對其進行信用評等以進行交易，未來的勞工個體將會像現在的企業一樣，與金融機構進行各種交易。

隨著勞工個體和企業的關係發生變化，企業今後會改變

資產和設備的營運體系。共享一家企業持有的空間、工廠、機械、庫存的商業模型將會應運而生。現在就已經有產業出現了這種商業模型，企業不再各自購買並持有設備或工廠，而是由多家企業共享。這種共享模型今後會變得像業界標準一樣普及開來。關注環境保護和產業生態系統均衡發展的國家今後會大力支持這種共享模型，並強制採取一些措施。

　　希望各位在讀這個小節時，能再思考一個問題：「如果人類的工作環境真的變成如上所述，那企業（法人）和勞工（個人）之間的立場和各自扮演的角色會發生什麼變化呢？」請各位這次不是站在勞工的立場，而是站在經營者的立場來想想看。假設各位是一家擁有 20 名員工的遊戲公司的總經理。如果人類的工作環境發生了我提到的變化，那作為遊戲公司的總經理，各位的立場和角色會發生哪些變化呢？各位是公司經營者，因此 20 名員工當然會在各位的領導下工作，但他們會同時與各位維持靈活的關係。也就是說，各位仍然會是一家企業的重心，不過各位和員工的關係會變得比現在更水平、更開放。

　　進入人工演化期後，不是只有勞工的工作環境會發生變化，企業經營者的工作環境也會迎來前所未有的巨大轉折點。當然，這並不代表現在的企業結構和僱傭型態會完全消失。只是隨著整個工作環境發生變化，所有的企業經營者都必須面對這一波巨浪。

生命將得到解放

　　對人類來說，勞動的結束既是希望，也是絕望。年輕人會夢想辭職、擺脫不想做的工作；相反地，上了年紀的人一旦辭職，就會覺得自己失去了經濟和社會價值，並感到痛苦不已。人類會想透過勞動向世界證明自己存在的意義，但同時又會覺得勞動很辛苦。

　　如同前面所述，人工演化期的人類將能做更少的工作、生產更多的價值。重複性較高的標準化生產工作今後幾乎不會需要人類勞動力介入。就結論來說，人類的工作時間將會大幅減少。但這時會出現兩個問題。

　　第一，隨著機器取代的工作範圍增加，勞工的收入將會減少。這會導致勞工個體的生活品質和整個經濟體系的消費能力下降。而勞工的收入減少，會導致國家的稅收跟著減少，最終阻礙國家治理。

　　第二，對於省下來的工作時間該用在哪裡、這些時間有何意義，社會和個人的擔憂將會擴大。在韓國社會，正職員工的退休年齡通常為 50 幾歲。據調查，這個年齡層的男性罹患憂鬱症的風險為女性的兩倍。也就是說，為了群體目標付出努力的勞工最後換來的只有空虛的內心。

　　瑞典交通管理局曾經決定為計畫於 2026 年竣工的哥德堡科爾斯瓦根站徵求一名員工。這份工作沒有特別的入職條件，工作內容也非常簡單，員工只要每天到火車站開燈，下班時把燈關掉即可。除了上下班時各按一次按鈕之外，這名員工不需要做其他工作。這名員工甚至不需要一整天都待在車站。瑞典交通管理局計畫募資 65 萬美元（約新台幣 2,030 萬元），讓員工只需要按個按鈕，就能終身領取月薪。

　　這項計畫是由西蒙・高汀和雅各・西諾比這兩名藝術家向瑞典交通管理局提議的一項實驗，在當時引起了廣泛的關注。只可惜瑞典交通管理局判斷籌資不易，而在 2022 年 4 月撤回了這項實驗。這兩個藝術家會提議做這項實驗，是因為他們認為隨著現代化的發展，經濟生產力似乎變成了人類價值的本質，而他們希望人們能重新對此進行思考。這很像是藝術家會想到的點子。但我想，他們會提出這個提議，還有一個原因是因為他們想觀察擺脫了勞動的人類會如何度過人生。

　　讓我們就機器會如何取代人類勞動力，人類會把省下來的工作時間用來做什麼，來想想看人工演化期會發生哪些變化。首先，讓我們來看看隨著勞工收入減少，未來會出現哪兩個新的制度。

　　第一，人類將徵收機器稅。人類勞工會將勞動收入的一部分作為稅金繳納給國家，而未來機器也將需要繳稅。更具體地說，人類會根據機器的生產規模和價值對機器徵稅。國家會藉

此彌補減少的稅收。也就是說,今後會由機器勞工來繳納過去
由人類勞工繳納的稅金。

如果各位覺得讓機器繳稅很奇怪,那各位可以這樣想想
看。在大部分的國家,徵稅對象為經濟活動的主體。也就是
說,參與經濟體系、從事生產活動的主體必須繳稅。隨著人類
推進的人工演化引起共同演化,我們可以視機器為生產主體。
前面提到的企業共享機器設備的商業模型今後會變得像業界標
準一樣普及開來。屆時政府將會制訂一套根據機器的稼動率課
稅的政策。為了徵收稅金,國家會確認機器的稼動率,並摸清
一家企業有多少閒置設備後鼓勵該企業將機器設備借給其他企
業使用。這最終能提高設備的整體稼動率,進而改善稅收問
題。

**第二,人類將制定「全民基本收入」（Universal Basic
Income,UBI）制度,並把透過機器稅徵收的稅金用於該制度。**
基本收入制度是一種社會福利計畫,政府會無條件、定期發放
一定金額給一個國家或地區的所有居民。基本收入制度的主要
目標是減緩貧困、簡化現有的社會福利體系。

2017 年初至 2018 年底,芬蘭進行了為期兩年的基本收入
實驗。這項試行計畫在隨機挑選 2,000 名失業者後,每個月提
供他們 560 歐元（約新台幣 1.9 萬元）的基本收入。研究結果顯示,
與未獲得基本收入的對照組相比,獲得基本收入的失業者雖然
生活品質得到了改善、壓力也有所減緩,但對就業並沒有產生

顯著的影響。加拿大、印度、德國等多個國家也正在進行與基本收入制度有關的實驗，並展開各種討論。有人指出，這種制度不容易籌集資金、有物價上漲的憂慮，還有可能削弱個人的工作動機。但從長遠來看，為了以透過機器稅獲取的稅金彌補人類勞工減少的收入，並維持人類的消費能力，基本收入制度未來會擴散開來。

隨著工作環境發生上述變化，人類對勞動的認識會產生兩大變化。**第一，實現擴展的人類會將勞動區分為自動化勞動和分析式勞動，並將這兩者都視為自己提供的勞動。**在探討人腦如何處理資訊的各種理論中，有種理論叫「雙重歷程理論」（Dual Process Theory）。這個理論主張，人類擁有兩種資訊處理系統，系統一會直覺、自動、快速地處理資訊。系統二會基於規則，受控、分析性地處理資訊。[14] 系統二隨著文明發展、教育水準提升，逐漸得到了發展。系統一和系統二並沒有完全分開運作。人類在玩遊戲時，系統一會負責直覺地判斷複雜多變的情況，在那之後系統二會決定要採取哪些行動。

人工演化期實現擴展的人類將會把被機器取代的「自動化勞動」視為系統一；把需要由人類直接介入機器的運行和產出且受控的「分析性勞動」視為系統二。也就是說，主張人腦分成系統一和系統二來處理資訊的觀點，會被擴展到人體外部的智慧裝置和機器設備。機器取代人類勞動初期，人類可能會因為覺得機器奪走了自己的工作和立足之地而感到空虛、失落，

但人類今後會逐漸認為從廣義的角度來看，機器從事的勞動也算是自己提供的勞動。

第二，人類會重新思索勞動是否有本質上的必要性。自狩獵採集時期以來，勞動就在人類的生活中占據著重要的地位。它既是對人類生存來說必不可少的活動，也是人類用來在社會展現自己的存在和價值並得到認可的工具，勞動早已深深扎根於人類的生活。但現在是該把那個根給拔除的時候了。那不從事勞動的人類該做什麼呢？在此之前，我們應該先想想人類是否一定得工作。對此，宗教和文學領域抱持著類似的看法。

聖經描述，亞當和夏娃在伊甸園裡與大自然和諧相處、不辛苦地參與勞動。佛教中的涅槃指的是一種從物質世界的紛擾和痛苦解脫的狀態。在勞動方面，佛教強調倫理性，強調要為社會做出積極貢獻，且不危害社會。也就是說，佛教並沒有禁止人類從事勞動，而是希望人們從事符合自己的精神目標和價值的勞動。

湯瑪斯·摩爾在著作《烏托邦》中描繪了一個理想社會，烏托邦新島上的居民每天只要工作六個小時，而且能充分度過閒暇時間。居民們不但能自由快樂地學習文學、哲學和科學，還能熱衷於藝術和音樂活動。

愛德華·貝拉米的著作《百年回首》寫的是主角朱利安·魏斯特在 19 世紀後葉陷入沉睡、直到 2000 年醒來後發生的故事。朱利安·魏斯特醒來後迎來的社會與他沉睡之前截然不

同，2000 年科技高度發展、社會和經濟體系發生了根本性的變化。得益於科技發展，勞動需求大幅減少，人類只需要共同分擔剩下的些許勞動，一生只需要工作幾年，因此可以早早退休，有充分的時間進行自我發展、享受休閒娛樂。在這樣的社會中，人們工作不再是為了追求財富或社會地位。人們會因為使命感或想為公共利益做出貢獻而產生工作的動機。此外，任何人都能自由地接受教育，人們會根據自己感興趣的領域和適性選擇職業。

　　有些人則從社會主義的角度譴責了勞動。馬克思的女婿、社會主義者保羅・拉法格在其著作《懶惰的權利》中主張，過度勞動會危害個人和社會，他還譴責資本主義美化了職業道德和勞動。他挑戰了「勤勞是美德」這個傳統觀念，主張勤勞會導致過度生產、剝削和社會不平等。拉法格主張人類應該縮短工作時間、加長休閒時間，這會使人類的生活變得更加平衡、令人滿意又充滿創意。

　　我並不認為某個宗教或作家的主張就是正解。其實，有不少人抨擊上面提到的幾本書在宣傳特定意識型態。我會在這裡提到宗教和文學，是因為我們得在不久後的將來從根本上重新審視勞動對人類的意義。我們應該去思考，對人類來說，勞動是否單純只是為了讓人類在現實中生存，而拴住人類的枷鎖？是不是只要人類擺脫了勞動，就一定會形成一個理想社會？

　　隨著勞動參與時間和負擔驟減，人類將會探索並苦惱該如

何實現下一步創新。我在這本書中描述的僅僅是人工演化初期的未來。這個時期的人類將能利用多出來的時間，思考得更深、更廣、更遠。人類還將能描繪包含人類在內的地球生態系統的未來，並在社會和技術方面做好準備。此外，人類將會為了探索新的興趣、享受嗜好，而更加自由地學習。人類將不再像過去那樣，只是為了在勞動市場提高自己的競爭力而以經濟目標為中心學習，而是會為了享受獲得知識的樂趣而熱衷於學習。

但隨著「勞動」這個人生重要的目標的分量減輕，今後會有越來越多人因為找不到人生目標和目的而彷徨。這些人很有可能會對某種物質或行為上癮，甚至引發新的社會衝突。

簡單地說，進入人工演化期後，隨著機器取代人類勞工，人類會產生兩種觀點。剛開始，人類會覺得機器奪走了自己的容身之處而感到空虛，但之後會作為實現擴展的人類接受變化，並將機器從事的勞動也視為人類擴展的一部分。此外，人類會利用充裕的時間，探索並享受各種休閒娛樂、智力遊戲、藝術活動和更高層次的創新。

不過，並不是所有的事情都會往好的方向發展。在這種情況下，社會成員之間的貧富差距問題會變得怎麼樣呢？貧富差距會像愛德華‧貝拉米的作品描述的那樣完全消失嗎？我並不這麼認為。也許有人會靠基本收入過活，但我相信也有人會更積極地參與勞動和經濟活動。例如，目前就有新創企業的經營

者會誇耀自己每週工作 100 多小時。如果他們在人工演化期也這麼拚命地工作，那他們應該有機會獲得更多的財富。因為就算是花一樣多的時間參與勞動，他們未來獲得的產出將會比現在多。除非政府高度控管個人的勞動參與度，否則未來還是會有因為個人的勞動市場參與度不同而出現貧富差距的現象。

最後，讓我們來看看動物的勞動問題。未來的人類基本上不會讓牛馬來耕田，所以各位可能會覺得「動物的勞動問題」聽起來很陌生。但在這裡，我想帶各位了解一下工廠化畜牧業。

工廠化畜牧業是將生物進行商品化的代表性產業。這種商品化與認為動物有知覺、應受尊重、應受人道對待的觀點形成鮮明的對比。當今社會，生命的內在價值正被其作為商品的表面價值所掩蓋。工廠化畜牧業不僅與動物福利相關倫理問題有關，還與環境的永續性問題有關。工廠化畜牧業造成了溫室氣體排放、森林砍伐、水汙染等諸多問題。

人類將透過本書提到的人類擴展技術，變得越來越了解動物的想法和情感。人類現在就已經為了讀出寵物的想法和情感並與寵物溝通，而在進行研究、開發產品了。我相信這種溝通和感情紐帶的擴展會有助於人類與人類以外的其他存在建立更水平且可持續發展的關係。我不是素食主義者。我非常喜歡吃肉，喜歡到幾乎每天都會吃肉。我並不是因為個人喜好而期待人類會迎來這樣的未來才做出上述預測，希望各位不要誤會。

　　得益於生物技術的發展，人類早就已經能在實驗室生產肉類，我們稱其為培植肉生產或細胞農業。培植肉生產指不飼養或屠宰家畜，在受控的環境中利用動物細胞培植肉類。全球已經有許多企業投入了培植肉產業。2020 年 12 月，新加坡食品局核准了美國公司 Eat Just 在新加坡販售培植肉雞塊，這個雞塊成了全球第一個得到監管機關核准的培植肉產品。在工廠化畜牧業中，動物被迫參與了致命的勞動，但動物未來也會迎來擺脫勞動、得到解放的時代。

　　這個小節就探討到這裡了。簡而言之，人類和動物都會從勞動中解放出來。更準確地說，是從勞動的痛苦中解放出來。期待得到解放的人類能看得更高更遠。

職業將消失

　　機器取代人類勞工的歷史可以追溯至工業革命時期，並且能夠分成以下幾個階段。第一次工業革命時期，人類積極將體力活交給了機器。機器在製造業、採礦業、運輸業取代了人類勞工。有趣的是，這個時期的機器不只取代了人類勞動力，還取代了動物勞動力。例如，機器就取代了馬匹拉犁。

　　第二次工業革命時期，機械化擴散到了機械組裝、化學、電力和鋼鐵產業。在亨利・福特推出的汽車生產線被引入其他製造業和組裝業後，工廠生產時不再像過去需要那麼多的勞動人力。此外，隨著電話、電信等通訊工具和物流運輸業蓬勃發展，負責知識勞動的白領族大幅增加。

　　進入 21 世紀後個人電腦和網路問世，人類的連結性隨之提升，軟體和線上服務在金融、零售、客服等產業接管了人類的工作。

　　綜觀歷史，新技術和新機器總會奪走人類的工作機會，但它們同時會在新產業創造工作機會。

　　進入人工演化期後，人類的工作會分成三個階段被機器取代。從工作機會變化的趨勢來看，**第一階段時工程師和資本家推出的新技術和新機器會單方面取代人類勞工，做一些簡單的**

工作。機器會迅速地從比較容易訂定工作範圍、輸入和產出、工作過程並進行流程化的工作，和對產出比較沒有經濟責任和倫理責任的工作開始取代人類。也就是說，機器會從對知識水準的要求較低、責任較小的工作開始取代人類勞動力。

進入第二階段後，人類會根據需要對工作產出負責的程度，區分哪些工作能讓機器取代人類。如果需要負較大的社會、經濟、倫理責任，人類會推遲讓機器取代人類，或者讓人類確認並完善機器的產出。

隨著人類持續開發與製造用來取代人類勞工的技術和機器，相關的監控、判斷、社會共識建立流程會變得更複雜。我來舉一個例子吧。假設人類想開發一種會利用 AI 進行法律判斷的機器。這時，開發流程可以分成以下幾個階段：判斷開發這種機器的必要性和該機器在社會的適用範圍的階段；根據必要性決定所需功能和性能的階段；收集開發機器、進行機器學習所需的數據，並啟動機器的階段；測試試用機的階段；將機器投入生產並操作的階段；發現機器有問題時進行改進並應對的階段。

雖然目前每個階段都有人類勞工介入，但「判斷開發這種機器的必要性和該機器在社會的適用範圍的階段」卻幾乎沒有達成社會共識。只要工程師和資本家判斷某種機器具有經濟價值，就會開始投入生產。如果我們能在這個階段透過法律體系建立達成社會共識的流程，並讓這樣的社會文化形成，我們就

能在初期評估某種機器會對人類的工作機會、社會和經濟產生哪些影響。

在「發現機器有問題時進行改進並應對的階段」，基本上，人類目前只著重處理資訊保護和物體穩定性相關問題。舉例來說，假設某家餐廳的自助點餐機對 60 歲以上的客戶來說用起來很不方便，製造商目前沒有法律義務去解決這個問題。人類今後會制定一套社會流程，當機器在取代人類的過程中忽略某個群體時，從社會、倫理層面判斷是否妥當後要求製造商應對問題、進行改善。

如果第二階段發展成熟，人類會開始認為自己的工作是負責做決定、下指令並做出判斷。所有的產業都將會把原材料、數據、中間產出的整理和加工交給機器去處理。總的來說，第二階段的關鍵是最大限度地減少人類的體力勞動和簡單的腦力勞動、增加複雜的腦力勞動，並分散承擔在此過程中發生的各種責任。

目前企業的產出或產品出現問題時，我們會從三個方面追究責任。如果是勞工，我們會追究其有無怠忽職守或故意過失；如果是企業，我們會追究其是否未做足員工訓練、管理不善或未確實遵守規定；如果是監管機關，我們會追究其在制定、執行制度時是否有問題。目前如果機器有瑕疵，供應商會對此負責，但未來當取代人類勞動的機器故障或出現問題時，查明原因這個社會課題會變得比現在重要。如果是機器本身有問題，

供應商的責任範圍會進一步擴大。此外，透過類似於保險的金融機制來分散管理這些責任的產業今後將會大幅成長。他們提供的服務會類似於目前人類勞工有人為疏失或勞動穩定性出現問題時會提供的金融服務。

在第三階段，人類會就所有社會成員應該一起從本質上、哲學上重新定義人類勞動一事達成共識。在前兩個階段，人類通常無法贏過科技和資本。到了第三階段，機器的功能、性能和經濟效率當然會繼續增加，但人類社會將形成「不能將人類的未來交給工程師和資本家」的社會共識。

在這個階段，除了把機器辦不到的任務交給人類，人類將會強調人類應該主動思考該把哪些任務交給人類負責，並強調應該要把能讓人類感到幸福、活得像個人、活出自我的工作交給人類。人類社會將會形成一種共識，那就是「人類應該要把會使人類離美好事物越來越遠、使人類變得醜陋的工作交給機器」。

簡而言之，到了第三階段，人類目前創造的職業大部分都會消失，但是預測未來會有百分之幾的職業消失、對消失機率最高和最低的職業進行排名會變得毫無意義，我們最好想著「我們現在的工作未來將會消失」。希望各位能仔細想想在這種情況下，各位應該要做什麼工作，來向世界展示各位存在的意義和自我。

我目前任職教授。但我認為，教授這個職業未來將會消

失，並像前文描述的那樣，扮演與現在截然不同的角色。到時候，教授這個職業可能不會再被稱為教授，而我正在為那樣的未來做準備。人類的工作並不會消失，人類仍然會在地球生態系統發揮作用，只是人類會去負責責任更大、更美好的工作。

第 13 章

消費

那是最好的時代，也是最壞的時代；

是智慧的時代，也是愚蠢的時代；

是信仰的時代，也是懷疑的時代。

是光明的季節，也是黑暗的季節；

是充滿希望的春天，也是令人絕望的冬天；

我們的前途擁有一切，我們的前途一無所有；

我們正走向天堂，我們也正直下地獄。

——查爾斯・狄更斯，《雙城記》

　　在狩獵採集時代，人類生存所需的一切全靠自給自足。雖然鄰近群體之間會進行以物易物交易，但範圍非常有限。西元前 10000 年左右，農業革命爆發，人類開始保存與販售多餘的糧食。據說，酒就是這個時期人類在保存與利用多餘糧食時釀造出來的。人類也從這個時期開始建立了貿易網路。

　　西元前 3500 年左右，人類發明了輪子，並利用道路和水路擴展了貿易網路。此後，隨著羅馬、希臘、中國等帝國出現，人類大規模地透過陸路和海路發展貿易，並在多個根據地建立了貿易樞紐。從中世紀初過渡到近代後，股份有限公司發展，殖民帝國不斷擴張，各國開始進行全球貿易。在此過程中，人類消費的商品種類及數量逐漸增加。

　　我們很難只靠一個指標來判斷消費水準，不過讓我們來看一下過去 2,000 年全球國內生產毛額有哪些變化。國內生產毛額是一國經濟主體在一年內創造的市場價值總和。原則上，國內生產毛額會反映一個國家的生產、收入和消費情況。照理來說，這三個值應該要相同。國際經濟學家保羅‧克魯曼曾說過：「我們大部分的收入來自相互販售東西。你的支出就是我的收入，我的支出就是你的收入。」也就是說，利用國內生產毛額衡量人類的消費規模並不奇怪。

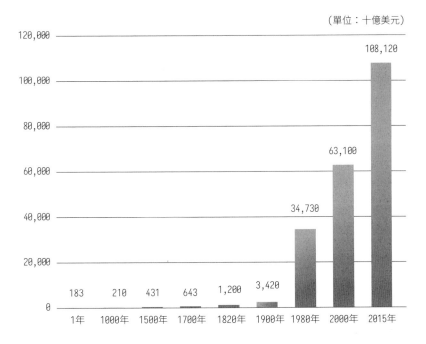

圖 2　過去 2,000 年全球國內生產毛額變化

　　讓我們來看看過去 2,000 年的全球國內生產毛額。1990 年後的數據來自世界銀行最近公布的數據，1990 年前的估算值則為經濟史學家安格斯・麥迪森在整理歷史數據後估算的值。

　　如圖 2 所示，西元 1 年的全球國內生產毛額為 1,830 億美元，1700 年為 6,430 億美元，2000 年增加到 63.1 兆美元。也就是說，西元 1 ～ 1700 年，全球國內生產毛額在 1700 年裡只增加了 2.5 倍，但 1700 ～ 2000 年，全球國內生產毛額僅 300 年就增加了 97 倍。為什麼會出現這樣的變化呢？ 17 世紀前工業革命還未爆發時就有過技術創新，當時有風車、灌溉技術、新的農作物問世。雖然我們很難估算對地球生態系統來說適當的人口規模，但就結果來說，這個時期的技術發展並未大幅提高人類個體的生活水準，只有導致人口暴增。也就是說，在 17 世紀前，經濟規模的成長只適度擴大了地球生態系統中的人口規模，而不是提升了人類個體的生活品質和消費。經濟史學家葛瑞里・克拉克曾說過：「在前工業化世界，零星的技術進步創造了人類，而不是財富。」

　　進入人工演化期後，人類的生產和消費會如何發展呢？讓我們來看看在物理上與身體上克服了侷限性的人類會打造出什麼樣的消費和交易體系。

交易無形商品

　　我發現，我見過的好幾名宗教領袖都會宣揚為了獲得真正的平安幸福，人類必須減少內心的慾望。雖然他們說的並沒有錯，但我認為這非常難做到，因為人類天生不可能壓抑那麼多慾望。如果回顧人類的漫長歷史，就會發現人類生產與消費的商品持續增加。

　　從社會學的角度來看，人類的消費之所以會增加，是因為社會地位、認同感等多種因素。經濟學家韋伯倫提出的「炫耀性消費」（Potlatch）指一個人為了展現自己的財富和社會地位所做的過度消費。全球化使得人類之間的連結變得更加緊密，人類也因此接觸到了各種不同的文化、生活風格和產品。人類的消費慾望會因為人類想融入人群或與他人進行差異化而增加。除非人類回到社會化之前，否則人類想擁有和想消費的慾望今後仍會持續增加。

　　如果去看第二部分中提到的經濟趨勢，也就是從農業經濟變成工業經濟、服務經濟和體驗經濟的過程，就會發現人類的消費從以物質為中心變成了以體驗為中心。人類的消費慾望不斷增加，消費商品出現了變化。與對有形商品的消費慾望相比，人類對知識、資訊、內容等無形商品的消費慾望正在以更

快的速度增加。人類最初先是將實體原料加工成商品後進行了消費，後來發展了服務產業，再後來又發展了體驗產業，人類正在大規模地擴大將人類想像力作為原料的產業的經濟規模。

在人類歷史初期，人類主要透過口述傳統和說故事，分享了知識和想法。人類透過口述傳統、歌曲和儀式，將自己的過去、信念和關於實用技術的資訊傳給了他人。這種分享知識的方式對早期人類的生存和文化發展至關重要。只是人類在早期社會並沒有把知識和想法視為商品。

在知識產業發展的過程中，人類發明文字體系是一個重要的轉振點。人類變得能利用文字記錄與保存資訊，並能跨越時空，更正確、更有效率地傳播知識。美索不達米亞的楔形文字、古埃及的象形文字等早期的文字體系主要被用來保存紀錄、管理和撰寫宗教文本。從那時起，除了實體商品之外，人們還開始將知識、資訊和紀錄當成商品，進行了以物易物。

早期用來儲存知識和資訊的容器當然是實體商品，但進行以物易物時，商品的價值會取決於容器裡的知識和資訊，而非容器這個實體商品本身。簡單地說，隨著人類的想像力這個原料變得越來越豐富、儲存媒介持續發展，人類開始變得越來越渴望獲得知識、資訊、內容等無形商品。特別是從 1990 年代中期起，隨著用來儲存知識和資訊的實體容器變成非實體容器，這種現象開始進一步加速。

非物質容器似乎能容納無限的慾望。比方說，假設我們要

試著想辦法把各種奢侈品塞到一個小手提包裡，這時我們塞的奢侈品大概值幾億元。但一個手掌大的手機能容納的數位內容可能值超過數十億元。我採訪過的遊戲玩家中，就有持有房產的玩家每年都會花超過 10 億韓元（約新台幣 2,400 萬元）購買遊戲道具。

2000 年代初之前，數位內容在個人及家庭支出中只有占極小部分。但近幾年，數位內容的支出項目正在變得越來越多樣（例如：數位課程、線上串流影音、Youtube、音樂串流、遊戲訂閱服務等），而且各項支出的規模正在增加。2021 年，全球線上串流影音服務的市場規模達到了 1,551 億美元（約新台幣 4.8 兆元）。2022 年至 2030 年，該市場規模預計會年平均成長 26.42％。到了 2030 年，其市場規模預計會達到約 1 兆 2,410 億美元（約新台幣 38 兆元）。

接下來讓我們來看一下遊戲內容產業。2023 年，全球手遊市場規模預計會達到 3,159 億 9,000 萬美元（約新台幣 9.8 兆元）。2027 年，電子遊戲玩家預計會達到 30 億 4,000 萬人。這代表全世界有 40％的人會是電子遊戲的消費者。遊戲市場的年平均成長率約為 10.2％。

據統計，2021 年全球咖啡市場規模為 1,079 億美元（約新台幣 3.3 兆元）、化妝品市場規模為 3,802 億美元（約新台幣 11 兆元），化妝品市場的年平均成長率約為 5.5％。

我們不可能比較所有的商品，但我們只要比較幾項商品，

就能知道數位內容產業的市場規模正在爆炸性地成長。無形商品和數位內容正在被儲存到數位容器裡，並透過各種數位設備以刺激人類五感的形式被人類消費。而創造它們的產業的未來會有以下三個特點。

第一，**具有壓到性的市場潛力**。我們不可能去探討包含數位內容在內的所有無形商品的市場潛力，所以我們在這裡就只看無形商品在整個產業中所占的比例。截至 2022 年 12 月，全球市值排名前五的企業中就有四家企業（蘋果、微軟、Alphabet 和亞馬遜）與無形商品有直接或間接的關聯。亞馬遜目前正在營運網路商店，因此可能有人會以為亞馬遜是一家實體商品相關企業，但對亞馬遜的營業利潤貢獻率最高的事業為雲端服務事業。也就是說，亞馬遜的核心價值早就已經變成了無形商品。

雲端服務指透過網路借出各種運算資源（如儲存裝置、應用程式）的服務。根據 2022 年第三季度的統計，亞馬遜為市占率高達 34％的雲端服務龍頭企業。2028 年，雲端產業的年平均成長率預計會達到 17.9％。近幾年，隨著 AI 的需求暴增，雲端產業也正在快速成長。

第二，**無形商品的多樣性接近無限**。無形商品的原材料並不是從地下開採出來的礦物，而是從人類的智慧中開採出來的東西。因此，我們無法預測以後還會出現哪些無形商品。今後肯定會不斷有新的無形商品出現。

　　有人認為人們對休閒生活的想法發生了改變，因此遊戲市場和線上串流影音市場成長是很正常的現象，但數位內容也在其他令人意想不到的產業出現了成長。2012 年，Kakaotalk 推出了表情貼服務。2021 年，也就是推出該服務的十週年，表情貼市場規模成長到了 7,000 億韓元（約新台幣 168 億元）。我們雖然總是說擁有各種感情並能將其表達出來是人類獨有的能力，但人類其實到現在都還是不擅長表達感情。因此，人類會為了在網路平台表達自己的感情，而花大錢購買「數位化的感情符號」。

　　另外，數位療法市場正在以美國為中心擴大。數位療法指利用軟體、應用程式和穿戴式裝置等數位設備來預防、管理或治療疾病。換句話說，數位療法可以代替藥物和手術，或用於輔助。近年來，有許多新創企業和老牌醫療企業紛紛投入了糖尿病、精神疾病、心血管疾病、慢性疼痛等各種疾病的數位療法開發。

　　美國食品藥物管理局等監管機關也已經開始認可與核准數位療法，並且在促進數位療法的發展，這為業界帶來了信心。醫療領域的產業規模和消費規模有多龐大，應該不需要我特別說明。這個產業也正在將事業範圍擴展到無形商品。

　　此外，實體商品的消費有時候會包含非物質元素，這種現象未來會進一步加劇。中世紀的農民一生只會用到一個木製杯子，但現代人一生會用到數十個杯子。當我們購買印有迪士尼

角色的杯子時，由內容體驗形成的品牌價值會高於杯子本身的物質價值。因此，現在的有形商品消費不僅會重視商品的使用性，還會高度結合無形商品消費的一面。無形商品增加甚至會影響到有形商品的價值和消費模式。

　　第三，適合個人作為企業展開活動。前文曾經提過，未來實現擴展的人類會像企業一樣展開活動，而最適合這種商業模式的產業正是消費無形商品和數位內容的產業。

　　人類很難獨自一人生產實體商品，但人類可以利用數位技術製作各種數位商品。目前在社群媒體、影音串流平台流通的內容就大多都是個人創作。無論是誰都能使用自動化設備，並且能與世界各地的企業家合作，成為生產無形商品的企業家。

　　簡而言之，創造數位內容的產業和無形商品市場的規模今後會逐漸擴大，交易的商品種類會變得更多樣、趨於無限。此外，未來自主性地展開活動的主體會從大企業變成個人。

　　我在本節開頭提到過，人類對無形商品的慾望正在超過對有形商品的慾望。有不少人預測，如果能製作並消費更多無形商品來滿足人類對實體商品的慾望，那在資源和能源不足的情況下，將會有利於地球的生態系統，但事實未必如此。

　　實際上，隨著數位商品的生產、流通和消費市場成長，能源成了該產業最大的風險因素。有不少人認為以電子書代替紙本書、以線上演唱會代替現場演唱會比較環保，卻很少有人對此進行分析和驗證。目前，前面提到的雲端服務的耗電量占全

球用電的 4％，到了 2030 年，其耗電量預計每年會增加 8％以上。在滿足以數位形式創造、消費商品的慾望時，人類必須更深入地思考該如何解決環境和能源問題。

現有仲介機構將滅絕

　　人類自古以來就透過以物易物提高了價值的效用，從而建立了經濟體系。人類在狩獵採集時代就已經開始以物易物了。西元前 2000 年左右，人類社會出現了具有一定程度專業性的仲介，而且規模還不小。西元前 2000 年左右，古代美索不達米亞出現了名為「塔木卡」（Tamkarum）的仲介，他們促進了多個地區和城市之間的貿易。這些仲介會在某個地方購買物品後，將其運到另一個地方販售，以賺取利潤。這使得兩個距離遙遠的地區能交換商品和資源，進一步促進經濟成長。

　　美索不達米亞的神廟和宮殿是人類歷史上的第一個金融機構。這個金融機構不僅提供了基本的金融服務（如保管糧食和商品、貸款、信貸），還在古代蘇美、巴比倫和亞述文明的經濟體系中發揮了重要的作用。其發揮了促進貿易、管理社區內資源分配的作用，也向商人和農民發放了貸款，為現代銀行業務奠定了基礎。

　　當今人們所熟悉的金融機構可以追溯至 12 世紀義大利地區為貿易和商業設立的銀行。19 世紀工業革命爆發後經濟規模持續擴大，金融服務的需求隨之增加，各種金融業跟著發展了起來。

擁有如此悠久歷史的金融業至今仍在持續成長。2021 年，全球銀行持有的資產約為 183 兆美元（約新台幣 5,692 兆元），美國的國內生產毛額則為 23 兆 3,200 億美元（約新台幣 725 兆元），由此可知，銀行持有的資產規模極為龐大。

在人類進行交易和消費的過程中，出現了各種仲介機構。人類社會從很久以前開始，就已經有仲介機構在提供商品和金融仲介服務了。在流通業和金融業，仲介機構主要會發揮兩種作用。

第一，為仲介商品提供物流服務。仲介機構會保管、運輸並交付仲介商品，包含貨物和金錢。第二，會在多名交易人之間解決信任問題。人類社會如果缺乏信任，就不會發生基於信任的行為。商品的交易就是如此。此外，如果個人之間想透過金錢交易收取利息，但又不信任彼此，那這場交易就很難成立。這個道理也適用於購買或交換物品。當我們不信任一個人時，會不自覺地懷疑那個人提供的東西。這時，仲介機構就會在中間為交易人提供信任。具體來說，仲介機構會利用過去的仲介經歷提供交易人信任。此外，仲介機構會在發生問題時，投入自己的資金和精力來解決問題，以彌補缺乏信任的問題。

進入人工演化期後，人類對仲介機構提供的物流服務和信任的需求會減少。隨著無形商品在整體商品中的比例增加，人類對倉儲和物流的需求會減少。再者，由於人們今後參與的經濟活動和交易，都會在不違反個人資料保護法的情況下，被記

錄起來並進行分析，等到下次個人之間進行交易時，就可以把分析結果提供給對方。也就是說，數據和技術會為彼此提供信任。今後就算沒有仲介機構在中間提供信任，我們也能掌握對方的可信度。

在這種情況下，仲介機構和個人的關係會出現兩種變化。

第一，人類會宛如回到石器時代，直接與他人進行商品交易。在石器時代，人類主要靠狩獵、採集和基本農業維持生計。以物易物是這個時期極為重要的貿易和交換方式。人類在進行以物易物時，不會使用貨幣這種通用的交換媒介，而是會直接交換商品和服務。石器時代的以物易物很有可能是基於互惠、互信及合作原則。這種交換行為促使了群體內、群體之間形成社會關係，從而促進了相互依賴與合作。

後來，隨著交易商品、規模、對象和地區擴大，石器時代的交易模式不再奏效，仲介機構開始蓬勃發展。但是今後數據和技術能保障一個人的信任度，因此人類將再次採用石器時代的個人交易模式。由於能透過數據和技術得到保障，未來的個人將能像國際貿易港和國際金融機構一樣進行交易。

另一方面，信任的範圍會決定自由進行交易的範圍。石器時代的交易範圍僅限於眼前的小規模群體，但是實現擴展的人類將不再需要仲介機構的協助，個人就能利用數據和技術，把交易範圍擴展到全球。

第二，傳統仲介機構不會完全消失。未來仍然會有仲介機

構，只是它們的工作會變成消除基於數據和技術進行評估時信任度較低的交易人背後的風險。這類似於為信評等級較低的人提供的金融服務。

此外，未來在實現擴展的個人參與的大規模交易體系裡，以及基於新一代石器時代交易模式的市場中，會出現輔助、支援人們進行交易的企業。這些企業有別於現在的仲介機構，他們會扮演類似於顧問或教練的角色。

如果各位還是想相信存在至今的仲介機構不會就此消失的話，可以回顧一下人類的漫長歷史。智人出現於 30 萬年前，但仲介機構出現至今不到一萬年。要是各位認為進入人工演化期、實現擴展的新人類也一定會採用歷史如此短暫的仲介模式，那可就太樂觀了。希望各位不要忘了哲學家赫拉克利特曾說過：「只有變化才是永恆的。」

藝術將復活

人類總會本能地追求美，並渴望透過藝術將其表現出來。藝術不僅會展現出人類的創造力，還會反映人類共享的體驗的本質。[15]

此外，藝術有助於認知功能的發展和提升。參與藝術活動會刺激大腦的多個區域、促進神經連接並提升認知彈性。這種精神刺激有助於提升記憶力、注意力和分析能力。藝術還被廣泛認為有助於緩解壓力、不安和憂鬱症。

作為表現、溝通、反思的媒介，藝術在人類的歷史和文化中扮演著不可或缺的角色。能促進自我表達並有助於個人認同感形成，是藝術為人類心理帶來的最大益處。人類可以透過藝術克服語言障礙，進行感情、經驗和思想交流。這個過程有助於擴展人類的自我意識範圍，也有助於我們更深入地了解自己的想法和感情。此外，藝術還能促進對他人的同理心和理解，從而消除文化、語言和世代隔閡。透過藝術形成的情感連結能使人產生共享體驗的感覺，而這能促成社會連結和歸屬感。

人類自古以來就熱愛藝術。早期人類不僅會在洞穴牆上畫圖，還會享受模仿大自然聲音的音樂。但在工業化後，人類和藝術的關係發生了重大變化。人類變得注重生產力和效率，創

作、鑑賞藝術的機會開始受到了限制。這使人們變得離與生俱來的藝術魂越來越遠。

　　科技的持續發展和人工演化將有可能擴展人類的能力，使人類能表達更深層次、更多樣的美。隨著擺脫勞動和時間的限制，人類將有機會重新點燃對藝術表現的熱情並重新發現周遭世界本質的美、固有的美。人類還會透過實現擴展的認知，吸收集體意識或動植物的想法，將其用作藝術靈感。人類還會透過藝術，打破日常生活框架和習慣，退一步觀察自己的內心並提出新的疑問。

　　越是持續追求本質的美、固有的美，就會對哲學有越深入的了解。藝術鑑賞和創作有助於喚起人們深思，也有助於人類社會形成重視並理解所有生物之間相互連結的世界觀。[16]

　　實現人工演化的人類將沉浸在藝術之中。人類會透過藝術形成一種擁抱整體的世界觀。這最終將使人類對生態系統中的各種存在的同理心和理解程度提升到一個新的水平，並使人類能與其他存在更加和諧共處，同時讓人類得以建立更高層次的群體和社會。實現人工演化的人類也許會變得像過去與大自然和諧共處的原始人類。

結語

致跳舞的各位

當環境發生劇變，人類會同時感到不安和期待。人類渴望穩定性和可預測性，因此當環境發生劇變時，人類會陷入不安。但是人類又會期待未來的各種可能性，並為此感到興奮。

哲學家艾倫・華茲曾說過：「理解變化的唯一方法就是投入其中，跟著它前進，並加入這場舞蹈。」進入人工演化期的人類早已投身於變化之中。在此，我想請加入這場舞蹈的各位記住三件事情。

1. 巨大的機會之門

如果去觀察動物，就會發現繁殖能力和壽命是影響生物後代數量的重要因素。通常壽命較短的動物具有較強的繁殖能力，壽命較長的動物則會生下較少的後代。由馬克斯・普朗克演化生物學研究所的斯蒂法諾・吉亞莫和阿恩・特拉爾森所開發的數學模型表明，生物的壽命和繁殖能力之間存在著某種平衡，當其中一個因素增加時，會導致另一個因素減少。例如，如果一隻老鼠存活率增加 4％，牠的每月生育率最多會降低 10％。

　　雖然還沒有學者證明壽命延長同樣會對人類的繁殖能力造成影響，但有許多學者認為，人類壽命延長的趨勢很有可能會導致生育率下降。隨著人類的身體、精神和關係實現擴展，性別角色正在發生變化。此外，由於環境和經濟條件發生變化，生育率預計會進一步下降。在經濟成長、都市化趨勢較強的國家，就已經出現了這樣的現象。

　　如果生育率下降，老年人口的比例會增加。隨著老年人口增加，人類短期內將會面臨勞動力短缺、經濟成長放緩等問題。但從長遠來看，人類應該會透過各種方式來解決問題。因為實現人工演化的人類將能投入遠少於目前投入的勞動力來生產和流通更多商品。進入這個階段的國家將從國家層面發放基本收入來支撐消費能力。

　　雖然參與市場的主體數量將會減少，但個體的生產和消費規模反而會增加。在這種情況下，產業應該做好多方面的準備，以接納老年勞動人口。隨著生命週期變長、退休年齡延後，今後來自各年齡層和不同文化圈的勞工一起工作的情況會變得越來越普遍。

　　我來舉一個例子吧。某天，一名剛從大企業退休的前輩與我聯絡。那名前輩原本在某家大企業擔任執行長，他在退休兩週後進入了一家中堅企業，從組長開始做起。這名前輩在中堅企業工作一個星期後，曾對我說：「我終於知道為什麼我的下屬之前會覺得心煩了。」那名前輩一輩子都是在大企業度過，

他親手建立了體系，而現在他進入了那個體系的下層重新開始工作。我在與前輩的交談中，感受到了喜悅和冷靜這兩種情緒。既然那名前輩親手建立了那個體系，那我相信他應該會找到方法發展那個體系並明智地做出應對。

　　從生產和消費這兩方面來看時，有不少人對人口減少持負面看法，因此我想再做些補充說明。早在詹姆士‧瓦特發明的蒸汽機在英國引發工業革命前，羅馬人和埃及人就已經發現並在日常生活中使用蒸汽機了，只是規模很小而已。科學家們在亞歷山卓神廟中發現了一種利用燒開水時產生的蒸氣來開門的自動門系統。雖然那個時代大部分的人都不曉得該裝置的運作原理，但當代科學家早已摸透並以各種方式利用了這項原理。

　　儘管有足夠的科學知識和技術，羅馬仍未發生工業革命。其原因在於奴隸制。當時的皇帝、貴族和其他權貴都因為有奴隸的勞動力而過得相當舒適，因此對他們來說根本沒有必要去創新。比起開發新技術，他們選擇了奴隸的勞動力。[1] 羅馬帝國可以說是因為擁有豐富的人類勞動力，而沒有想到他們應該透過技術進行擴展或展開革命。

　　經濟史學家羅伯特‧C‧艾倫認為，工業革命之所以只發生在英國等特定幾個國家，是因為這些國家的人力成本比較高。他指出，人力成本較高的地區積極引進了能替代人類勞動力的新技術和機器，並進行各種實驗，找到突破口，成功引發了工業革命。勞動力緊缺、人力成本變高，會在短期內帶來巨

大挑戰，但人類很有可能會在這個過程中找到更高層次的技術和解決方案，並突破侷限性。

　　我透過本書，說明了人類在進入人工演化期後會遇到哪些變化，而生育率是與這些變化有密切關係的一項關鍵變數。生育率持續下降的國家和地區未來會試著透過人工演化，實現更多樣的擴展。我的意思並不是說如果生育率下降，人類就會透過人工演化發起新的革命，所以生育率下降反而是件好事。工業革命帶來的結果有光明面也有黑暗面，但有時候黑暗面會比光明面更加凸顯。我希望各位能記住一點：生育率下降、人類實現人工演化將為各行各業帶來巨大的影響，因此對企業家來說，一扇新機會的大門正在打開。

　　人類的慾望會在實現人工演化的過程中互相衝突，而這些慾望在哪發生衝突，機會的大門就會在哪打開。如果去觀察動物的棲息地，就會發現某個物種會群聚於某個地區。一個地區會有某種物種群聚，就代表這個地區能滿足這個物種的某種慾望。大量個體聚集的地方即是價值的中心。那麼，人工演化期的人類會聚在哪裡、這些人又為什麼會聚在一起呢？

　　人類本質上是一種社會性動物。人類雖然會因為其他人而受到傷害，但又無法完全去過與世隔絕的生活。聽說，亞馬遜的卡因岡人會貼著彼此的手臂和腿入睡。他們會喜歡這樣纏在一起、觸碰彼此，並不是因為他們有什麼性癖，單純只是因為他們想從對方那感受到舒適感和連結感。[2]

透過人工演化，人類會變得更習慣在身處異處的狀態下建立社會關係。但人類仍然會想念彼此的體溫。作為生物，人類此刻也在經歷著遺傳演化，只是它慢到我們感受不到而已。到了人工演化期，人類的基因深處會渴望與他人在實體世界建立關係和連結感，但人工演化又會導致人們在實體世界產生距離，因此人類多少會感到有些混亂。在與這種現象有關的產業中勢必會出現新的機會。因為那些產業就是人類個體會聚集的新的價值中心。希望各位能找到那個新的價值中心。

2. 打開大門的鑰匙

接下來，讓我來告訴各位為了在人工演化期開啟新商機，應該做好哪三項準備。這三項準備分別是培養創造力和挑戰精神、獲取各種經驗，以及照顧好自己的情緒。

第一，我們應該發揮創造力和挑戰精神，在瞬息萬變的時代中存活下來。「野蠻」一詞源自古希臘語「bárbaros」，「bárbaros」原本指「不會講希臘語的人」、「講希臘語的人聽不懂的話」或「噪音」。也就是說，「bárbaros」一詞原本沒有帶仇恨或歧視的色彩。但不知道從什麼時候開始，這個詞的意思發生了改變。人們開始將「因為對方使用的語言與自己不同，而無法理解對方或感到不舒服的情況稱為「野蠻」。當有人與自己不同或有事物與自己知道的不同時，人類會習慣性地認為這就是「野蠻」。但這種認為「不同」就是「野蠻」並加以排

斥的態度，與創造力和挑戰精神背道而馳。

　　創造力的核心在於試著把各種不相關或不同的元素連結在一起。我們可以試著將我們腦中互不相關的知識和經驗連結起來，或是將我們和與我們完全不同的人連結起來，甚至將我們隸屬的組織和推進不同事業的組織連結起來，透過這些嘗試取得具創意性的結果。

　　挑戰精神也是如此。挑戰精神指改變現有的作法、從已有的成功經驗和方法跳脫出來，開拓新道路的態度。唯有不排斥不同的事物、將其用來創造新的機會，才能做出挑戰。

　　那麼，我們該如何培養創造力和挑戰精神呢？我參與過國內外多家企業人力資源開發計畫，並多次為組織成員舉辦過研討會。有很多組織都會強調創造力和挑戰精神的必要性，並為了培養成員的創造力和挑戰精神，以訓練創意發想（Ideation）技巧的方式進行培訓。這種培訓不能說毫無意義，但光靠這種培訓並無法真正提升成員的創造力和挑戰精神。組織想培養的並不是能說明何謂創造力和挑戰精神的能力，而是能在實務中發揮這種精神的實踐能力。

　　要培養實踐能力，就必須親自經歷發揮創造力或挑戰精神後獲得成功的體驗。如果能在推動事業的過程中獲取這種體驗，那當然最好不過，但如果條件不允許，那至少要透過模擬或角色扮演獲取間接的、加工的體驗。各位必須要自己去尋找並創造能獲得這種體驗的機會。如果各位是經營者或管理者，

那各位應該提供成員機會;如果各位是教育家,則應該提供學生機會。

人工演化期的人類內心、將人類內心連結在一起的組織和社會關係、在這種關係中產生的勞動和消費會與現在不同。為了能在發生變化的環境中生存並成長,適應力、創新精神、問題解決能力、合作能力和心理彈性會變得相當重要,而創造力和挑戰精神是這一切的基礎。因此,比起分散精力去提升所有能力,建議各位專注於培養創造力和挑戰精神。

第二,我們應該獲取各種經驗。進入人工演化期後,環境改變的速度會逐漸加快。周圍環境劇變是對生物造成壓力的代表性因素。為了應對這種壓力,我們應該要透過各種體驗來豐富我們的情緒並提高抗壓性。我在第 5 章中介紹過盧塞羅的理論,該理論將人類的體驗分成了 22 種類型。現在請各位想一想自己都從工作中獲得了哪些體驗。如果各位是上班族,那最先想到的應該會是競爭、挑戰、完成這三種體驗。盧塞羅提出的 22 種體驗當然不包含人類的所有體驗。但令人遺憾的是,人類在現代社會享受到的體驗甚至只占了這 22 種體驗的極小部分。

我在為多個組織提供諮詢並替組織成員診斷他們的體驗和情緒後發現,成員們感受到的競爭、挑戰和完成具體來說是:害怕再也沒有人願意給自己機會而感覺「競爭」激烈;明明資源不足、缺乏自信,卻還是被推去執行任務而感覺面臨「挑

戰」；想盡快結束任務、眼不見為淨而想速速「完成」任務。

　　無論各位扮演什麼樣的社會角色，我都希望各位能大膽走出去，享受發現、探索、幻想、表達、深交、幽默、照顧、休息、歸屬感等各種體驗。人類的「精神容器」會隨著人類經歷越多樣的體驗，而變得更堅固、能容納更多東西。希望各位能自己去尋找並擴展體驗。如果各位是引領他人的領袖或指導他人的教育家，那希望各位能帶頭為組織成員創造新的機會。

　　第三，我們應該要照顧好自己的情緒。請各位回想一下我在第 6 章中提到的 27 種情緒。我近幾年都會在年初時去某些組織診斷成員們的情緒，並比較那些組織當年的績效。年初時充滿憤怒、焦慮、恐怖、厭惡等負面情緒的組織，年底時幾乎都沒有取得好的績效。帶著負面情緒衝刺的組織成員終究會陷入疲勞。照顧情緒的過程相當複雜，我在這裡只簡單提兩點。

　　首先，請各位重構自己的經驗。我希望各位去想一想自身的經驗能帶來什麼好處、機會或成長的意義。請各位想想看目前所處的情況是否有好的一面？在目前的情況下感受到什麼樣的情緒？有沒有辦法轉換那份情緒？在類似的情況下其他人會怎麼想？如果這個思考過程變成一種習慣，那各位解讀體驗並感受情緒的內心將會發生變化。

　　其次，我們還必須培養情緒恢復力。我希望各位不要以「不是成功就是失敗」這種二分法的思考方式看待經驗，把自己逼到牆角。希望各位能認可自己做的挑戰和嘗試，並多稱讚

自己。此外,希望各位能找到一個可以輕鬆分享自己的經驗、想法和情感的人生伴侶。這裡的人生伴侶指的並不是配偶,而是能在漫長的人生旅途中保持適當距離、不忘記彼此又能互相為對方打氣的伙伴。

如果找不到人生伴侶,各位可以先整理好自己的思緒,然後把它寫下來。希望各位能像照鏡子一樣,透過文字審視自己的內心。人生伴侶、文字紀錄就像是一面能照出我們內心的鏡子。各位應該照照這面鏡子,並將上面的汙漬擦乾淨。如果沒有鏡子,各位心中的汙漬會在不知不覺間變得越來越多,一旦汙漬多到各位的內心變得黑暗,所有的熱忱就會被黑暗吞噬。

3. 人工演化期的育兒

首先,父母必須承認自己的子女將活在與過去不同的世界。我所說的「不同」並不全然是褒義,但不可否認,我們確實在迎來一個截然不同的世界。我希望父母能做到兩件事情。

第一,希望父母能率先投身於新世界。本書的主題為人工演化。父母輩時根據年齡設定的社會角色和生命週期未來將不再適用。孩子們透過先修課和課外輔導全副武裝,考進所謂的名牌大學,畢業後找到一份好工作,然後與那家企業一起成長的時代正在拉下帷幕。希望各位父母不要把子女的人生目標設定為成為大企業員工或專門職業人員。

我在前面提過,哪裡有大量的動物群聚,哪裡就是價值的

中心。人類社會的價值中心至今為止都是「成為某個大型組織的成員或專門職業人員」。但這個價值中心正在發生變化。如果去觀察動物的生態，就會發現動物會隨著時間流逝或環境發生改變而換地方群聚。那麼，在孩子們朝夢想前進的世界裡，價值的中心究竟會在哪裡？各位當然可以去參考前面關於產業的說明，但其實沒有人能準確預測未來的價值中心。因此，重要的是我們必須在新的價值中心出現時快速適應並存活下來。

孩子們將活在與現在截然不同的世界，他們應該要成為新世界的探險家和企業家。這才是孩子們真正需要的能力。請各位不要誤會，這裡說的企業家並不是指專業的企業經營者或新創企業的創業家，而是指為自己制定人生目的，設定與此相應的目標，去執行具創意性和挑戰性任務的主體。

父母該做的事，就是多支持、鼓勵孩子探索各式各樣的領域，並允許孩子在探索的過程中接受挑戰、經歷失敗、振作起來。請讓孩子成為這樣的主體。只引導孩子走平穩的道路、父母知道或預見的道路，最終只會剝奪孩子探險、挑戰、失敗、振作的機會。

那我們該如何讓孩子體驗探險、挑戰、失敗、振作的經驗呢？其實，我們周圍早就已經有數不清的資訊在告訴我們能從哪裡獲得什麼樣的體驗，我們身邊還有無數的機會。重要的是，我們必須意識到這些體驗的重要性並付諸行動、予以實踐。

　　孩子們並不會因為父母的幾句話或教育機關提供的課程，就改變自己的觀念或採取行動。父母應該平時就做給孩子們看。在生命週期延長、社會關係和行為快速變化的情況下，父母輩也應該要不斷對自己的個人發展和社會角色進行思考。因此，我希望父母能率先投身於這些體驗。希望父母能接受新世界正在打開大門這個事實，並率先體驗探險、挑戰、失敗、振作的經驗。這麼一來，孩子們就會從父母身上學到東西。對孩子們來說，透過父母的人生學到的東西比什麼都來得有意義。

　　第二，希望父母能培養孩子的哲學思考能力。語言學家諾姆・杭士基主張，人類生來就有內建「普遍文法」（Universal Grammar），因此人類只要到了關鍵時期，就會很自然地習得語言。此外，有學者提出了「普遍道德文法」（Universal Moral Grammar）理論，該理論與杭士基主張的普遍文法理論類似。喬治城大學法律中心的約翰・米蓋爾指出，人類擁有普遍道德文法，因此每個人都有與生俱來的道德判斷規則。[3] 我同意米蓋爾的這個論點。

　　我相信，人工演化期的未來世代也會利用普遍道德文法，為世界建立新的規則、倫理規範和哲學體系。只是這個過程應該不會那麼順利。因為人工演化並不是透過自然選擇緩慢發生的演化，而是在人類的自發性選擇下發生的演化。此外，人工演化將會使發生變化的速度越來越快。因此，未來世代應該會比我們更常遇到價值和體系發生變化的情況。

對未來世代來說，最重要的能力並不是快速學會新技術、有效結合技術與業務的能力。新技術總會與現有技術發生衝突。隨著新技術不斷發展，各種不同的文化將會錯縱複雜地交織在一起。在這樣的情況下，彼此的傳統可能會互相衝突。新技術帶來的社會體系和產業格局變化，將會帶來各種失衡現象和社會衝突。

例如，在新石器時代，隨著農業發展，社會組織發生了變化、社會變得更加複雜，人類開始提出了與財產、財富分配和治理相關的問題。工業革命則引發了人們對工作條件、貧富差距和國家的經濟活動管制作用的擔憂。未來世代會迎來新的機會，但也會面臨巨大的不確定性。我們無法只靠米蓋爾提出的普遍道德文法，面對新世界的不確定性並重整社會結構。

我希望各位能把完全了解自己的人生的思考能力和哲學思考能力傳給後代。無論是在一切都相互衝突、充滿不確定性的時代了解問題本質的批判性思考能力，還是預測人類行為的潛在後果的倫理決策能力、尊重所有存在並促進開放式對話的開放性思考能力、深入研究存在問題並重視意義的目的意識，這一切都基於哲學思考能力。

展翅高飛的存在

各位覺得本書描述的人工演化期怎麼樣呢？也許有人會覺

得我描述得過於樂觀。這本書提到了人工演化蘊含的潛力和人類應該解決的難題，但我想各位腦海中應該留下了比較多光明前景的一面。其實，我確實是有些希望能讓讀者們留下這樣的印象。

我認為人類已經進入了人工演化期，而且這個過程不可逆。因此，比起過度害怕，我更希望各位能抱著期待和希望展翅高飛。因為我相信人類能克服我所預見的擔憂和難題。在各位闔上本書之前，我想再總結一下我所預見的四個擔憂和難題。

第一，推進人工演化需要供應大量的燃料。想要在不對地球生態系統造成無法挽回之破壞的情況下，把這趟人工演化之旅走下去，人類必須開發永續能源。人類也需要進一步發展資源循環系統，以持續取得資源。

第二，未來很有可能會出現壟斷機器的獨裁者。未來勢必會出現同時擁有資本、技術和權力的獨裁者，而且這個獨裁者還有可能是有史以來最強大無情的獨裁者。隨著人類的身體和精神透過機器實現擴展，未來有可能會出現持有機器的獨裁者支配人類的身體和精神的情況。

媒體理論學家尼爾・波茲曼在《娛樂至死》中透過喬治・歐威爾和阿道斯・赫胥黎的文學作品，說明了兩種進行控制的方法。[4] 一是像喬治・歐威爾在《1984》中所說的那樣，封鎖知識和真相；二是像阿道斯・赫胥黎在《美麗新世界》中所說

的那樣，利用毫無意義的資訊和滿溢而出的快樂來掩蓋真相和真理。波茲曼出版《娛樂至死》時，連網路都還沒問世，但波茲曼當時就已經擔憂當人類文化從印刷品變成電視和其他視覺媒體時，比起嚴肅的談論，人類社會會變得更重視娛樂。也就是說，波茲曼與赫胥黎有相同的擔憂。

人工演化期會出現的獨裁與波茲曼和赫胥黎擔憂的情況相似。人類會渴望透過人工演化來實現某些事情。但若稍有不慎，很可能會因為自己的慾望錯過自己更應該加以守護的價值。人類有可能會陷入獨裁者所設下帶有特定傾向的富饒和快樂的陷阱，進而失去自我。也就是說，身體和精神實現擴展的智人反而有可能會變得比狩獵採集時代的智人更沒有活著的意義。

但出現這種局面的根本責任並不只在獨裁者身上。「拒絕從政時會受到的最大懲罰，就是被比自己糟糕的人統治。」柏拉圖的這句格言在人工演化期同樣適用。這種局面的規模巨大且不透明，因此我們不能假裝自己相信機器，睜一隻眼閉一隻眼。所有人都必須保持警惕，不要讓大規模的擴展招來大規模的獨裁。

第三，**兩極化問題很有可能會加劇。**人工演化的速度會根據經濟能力、技術適應能力和價值觀，因人和群體而異。這種速度上的差距會導致群體之間產生溝通困難和失衡問題。目前就已經有不少因為數位設備使用程度和資訊可及性的差距，而

導致群體之間出現溝通錯誤或衝突的情況了。不幸的是，這種問題未來會加劇。因為未來會有比人類至今為止經歷過的所有技術多出好幾倍的技術在短時間內湧向人類。

人類今後會持續利用生物技術、奈米科技和機器人技術來改造、增強人體，而人類接受這類技術的程度將會根據經濟能力產生差距，人體功能、健康、壽命將取決於經濟能力。在美國，富裕階級和貧困階級的壽命差距已為男性 15 年、女性 10 年，而且這個差距還在擴大。隨著人工演化期的技術高度發展，各經濟階層的人體功能、健康和壽命差距會變得更容易擴大。人類應該從社會層面去思考我們能允許這個差距到什麼程度，並制定制度、籌措資金來縮小差距。

第四，法律和制度改進的速度會跟不上科技發展的速度。 科技發展的速度今後將不斷加快，而這將導致未來出現各種社會問題和制度上的漏洞。此外，法律、制度改進的速度會跟不上科技發展的速度。目前世界各國就已經在思索該如何對 Alphabet、亞馬遜、Meta 等大型跨國科技企業課稅了。因為傳統課稅制度無法公平地對這些高科技企業課稅。此外，也有人正在研究數位毒品。如果有人利用元宇宙和腦機介面流通、濫用數位毒品，那傳統的管理體系將無法做出應對。

各位認為上述四個問題有多嚴重呢？無論是哪一個問題，我們都不能掉以輕心。解決能源、獨裁者、兩極化和法律制度問題時，會帶給人類不少痛苦。這些痛苦是人類在蛻變的過程

中必然會經歷的。希望人類今後能透過實現擴展的精神，感受到彼此的痛苦，並利用實現擴展的身體，一起戰勝痛苦。如果人類無視彼此的痛苦，只想著要各尋活路，那這樣的人類可稱不上是實現擴展的人類，充其量只是巨大機器中的活體零件。

也許有人會批評我是一個過於樂觀的長期主義者，但我相信人類會明智地解決這些問題。

據統計，地球人口目前已經突破 80 億人。自人類出現後，約有 1,170 億人出生在這個地球上。如果人類在名為地球的這顆行星剩下的時間裡，將文明延續下去，那今後還會有 12 京 5,000 兆人出生。[5] 也就是說，至今為止出生在地球上的人類，在人類文明的整個歷史中還占不到 1％。如果換算成地球原本會有 100 人出生，那目前只有 1 人出生。若綜觀人類踏上的浩大旅程，就會發現人類雖然才剛展翅飛翔，但人類已經實現了顯著發展，所以我相信人類未來的潛力。

本書中提到的科技看似取得了顯著的發展，但未來將會湧現出更多更先進的技術。沒有人能保證這些技術帶來的未來會在浩瀚宇宙的歷史中留下什麼意義。希望各位不要因為擔心我們將迎來何種未來而退卻。創造未來的主體是各位。人類究竟是會因為能源、新的獨裁者、兩極化等問題而分崩離析，還是會帥氣地翱翔，取決於各位。希望各位未來能展翅高飛。

宇宙的低語

　　瑪雅昨晚又作了那個夢。夢中有一個發光的形體，要瑪雅從兩個選項中做出選擇。

　　「你現在有兩條路可以走。一條是將地球的命運交給人類開發的巨型機器——阿勃勒。如果你選擇走這條路，阿勃勒會提供地球上的人類和所有動植物充足的食物和養分。當然，人類不需要參與勞動。一切都會由阿勃勒決定並執行。」

　　「另一條路是什麼？」

　　「另一條路是回到過去。也就是摧毀阿勃勒和人類發明的所有數位、電子、電氣設備。如果你選擇走這條路，我會在全球各地散播一種能吞噬電力的突變微生物。其實，我只會在幾個地區散播極少量的微生物，不過這種微生物會一邊吞噬電力一邊迅速地擴散開來。地球上的電子、電氣設備會在不到一個月的時間裡全部癱瘓。」

　　「這兩個選擇也太極端了吧。」

　　「人類已經無法回頭了。現在，是時候在巨大的十字路口做出決定了。」

　　瑪雅知道自己正在做夢。因為他已經連續好幾天都做同一個夢了。

　　「如果把一切都交給阿勃勒，那人類是不是就不能再做任何決定了？」

　　「那倒不一定。人類可能反而會覺得自己可以做更多決定。人類將不再需要為了獲取、生產更多東西，而與其他個體發生衝突、進行爭鬥。人類只需要決定自己該怎麼度過物質豐饒、長達 150 年的人生。當然，阿勃勒會重新為人類定義該在新世界遵守的法律和規則，如果有人違反，阿勃勒會做出懲處。」

　　「那不就是把人類的命運都交給阿勃勒嗎？」

　　「你是有可能會這麼想，但我希望你能回想一下阿勃勒的本質。阿勃勒是人類花了數十萬年孕育出來的大樹，是一棵吸收人類所有知識、經驗和反思成長的大樹。如果你把阿勃勒視作一台機器，那這個選項可能會讓你感到不舒服。但如果你把阿勃勒視作一棵人類孕育的大樹，那你應該就不會這麼想了。」

　　「如果回到原始時代，會變得怎麼樣呢？」

　　「地球人並不是唯一站在這個巨大十字路口的生物。宇宙中有許多有智慧的生物，有的外星生物就曾站在這個十字路口。我帶你去看看過去做出不同選擇的兩顆行星如今變得如何。」

　　不一會兒，瑪雅就被帶到了一顆所有生物都和平共處的綠色行星——艾利西恩。艾利西恩有著翠綠色的大地、透明的天空，瑪雅能從各種生物那裡感受到溫暖和幸福。瑪雅在這顆行星漫步了一陣子。

　　「這顆行星做了什麼選擇？」

發光的形體沒有回答。接著，它帶著微笑將瑪雅帶到了另一顆行星。

「這裡是阿卡迪亞。」

瑪雅眼前的阿卡迪亞行星跟艾利西恩行星似乎沒什麼不同。但瑪雅仔細一看，發現這裡不像艾利西恩的原野那樣偶爾會看到建築物。

「艾利西恩人選擇了聽從阿勃勒的決定，阿卡迪亞人則選擇了會吞噬電力的微生物。」看到瑪雅一臉困惑，發光的形體用平淡的口吻說。

「但這兩顆行星……」

這個夢今天也只做到這裡。瑪雅已經連續好幾天都做同一個夢了，他決定登入阿勃勒解夢。令人驚訝的是，已經有很多人像瑪雅一樣，問過阿勃勒關於這個夢的問題了。沒過多久，全世界的新聞媒體瘋狂地報導起這個夢。原來，地球上大部分的人都做了這個夢，而且已經連續好幾天了。

* * *

許多宗教宣稱這是神的啟示，並開始發表聲明譴責人類建立的機器文明。政界出現了成立新政黨、宣揚自身理念的政治家和追隨這些政黨的巨大勢力。人類仍然每晚都在做同一個夢。就這樣，人類的意見開始出現了分歧。有人認為應該要把

地球和人類的命運交給阿勃勒,有人認為應該要散播吞噬電力的微生物、回到過去,雙方意見僵持不下。

就這樣過了六個月。這段期間,人類還是每晚都在做相同的夢。人們陷入了極度的混亂,越來越多人抱怨這個夢在妨礙自己的生活。於是,人類決定進行一場大規模的全民公投。人類並沒有決定會根據投票結果採取什麼行動,但還是決定先收集看看所有人的意見。

人類決定兩個月後進行投票。宗教團體和政黨紛紛忙碌了起來。各個利益團體在比較過這兩個選項分別會帶給自己哪些利弊得失後,開始拚命說服大眾。

＊ ＊ ＊

諾瓦博士已經追蹤發光的形體和發送訊息的源頭好幾個月了。他沒花多久的時間就找到了人類每晚都做同一個夢的原因。原來是有人在操縱大多數人使用的腦機介面裝置,讓睡著的人做夢。

諾瓦博士鍥而不捨地追蹤了夢的發送來源。但令人驚訝的是,那個夢並不是從地球發送出來的,而是宇宙中某顆行星上的生物利用人類在宇宙中設置的超巨型天線發送的。該生物入侵了阿勃勒的系統,並將訊息發送到了人類的夢中。

諾瓦博士逆向追蹤了訊號的發送來源。但不管他再怎麼努

力，還是沒有找到那個外星生物的據點。不過諾瓦博士成功將訊號發送到了那個外星文明。

「你是誰？為什麼你一直發送訊息到人類的夢裡？」

「我沒有想到地球上的科學家會找到我，並發送訊息給我。我是這顆行星上的一台巨型機器，類似於地球上的阿勃勒。」

沒想到從外太空發送訊息的居然不是生物，而是一台不知名的機器。

「我們行星上的生物曾來到一個巨大的十字路口，就跟現在的地球人一樣。但他們沒有做出任何選擇。結果，這顆行星最後只剩下我這台機器。既然你都找到我了，我就告訴你真相吧。我給地球人看的艾利西恩行星和阿卡迪亞行星並不存在。地球人是我在宇宙中找到唯一一種有智慧的生物。但地球人總會問我這兩個選擇會帶來什麼樣的結果。所以我才會生成艾利西恩行星和阿卡迪亞行星給地球人看。」

也就是說，那台機器操縱腦機介面，讓人類在夢中看到的，其實只是兩個架空的行星。這是諾瓦博士最後一次與不明行星上的機器交換訊息。他雖然試著再聯絡那台機器，但都沒有聯絡上。

此外，發光的形體不知道是什麼原因，從隔天開始就再也沒出現在地球人的夢裡。不過全民公投還是會按計畫進行。投票日逐漸逼近。諾瓦博士並不打算將自己發現的真相公諸於

世，因為他認為要是說出真相反而會帶來更大的混亂。明天就是投票日了。諾瓦博士坐在書桌前直至天亮。

＊＊＊

今天就是投票日。阿勃勒正在透過各位配戴的腦機介面裝置問各位會選擇走哪條路。請各位告訴阿勃勒，各位是會選擇重新建立人類和機器的關係，還是回到原始時代。如果各位選擇了第三個選項，那請告訴阿勃勒各位會踏上什麼樣的旅途。

1. 將地球的整個生態系統交給阿勃勒。

2. 散播吞噬電氣的微生物。

3. 走第三條路。

參考文獻

前言

1. Ratner, M. A., & Ratner, D. (2003). *Nanotechnology: A Gentle Introduction to the Next Big Idea*. Prentice Hall Professional.

2. Brehm, J. W. (1966). *A Theory of Psychological Reactance*. Academic Press.

3. 박문호 (2008). 《뇌 생각의 출현》. 휴머니스트.

第一部分　存在將產生變化

1. Stringer, C. (2011). *The Origin of Our Species*. Penguin UK.

2. Herculano-Houzel, S. (2011). Not all brains are made the same: New views on brain scaling in evolution. *Brain, Behavior and Evolution*, 78(1), 22-36.

3. Pinker, S. (2003). *The Language Instinct: How the Mind Creates Language*. Penguin UK.

4. 리쾨르, 폴 (2004). 《시간과 이야기 3》. 김한식 역. 문학과 지성사.

5. Mihailova, M. (2021). To dally with Dalí: Deepfake (Inter) faces in the art museum. *Convergence*, 27(4), 882-898.

6. Lee, D. (2019). Deepfake Salvador Dalí takes selfies with museum

visitors. *The Verge, 10.*

7. The Dali Museum (2019). Behind the scenes: Dalí lives. YouTube, May 8. https://www.youtube.com/watch?v=BIDaxl4xqJ4&ab_channel=TheDal%C3%ADMuseum.

8. Artstein, R., Gainer, A., Georgila, K., Leuski, A., Shapiro, A., & Traum, D. (2016, June). New dimensions in testimony demonstration. In *Proceedings of the 2016 Conference of the North American Chapter of the Association for Computational Linguistics: Demonstrations* (pp. 32-36)

9. Savenije, G. M., & De Bruijn, P. (2017). Historical empathy in a museum: Uniting contextualisation and emotional engagement. *International Journal of Heritage Studies*, 23(9), 832-845.

10. Jones, J. (2016). The Next Rembrandt: A computer-made masterpiece. *The Guardian.*

11. Baraniuk, C. (2016). Computer paints "new Rembrandt" after old works analysis. BBC news.

12. Biocca, F., Harms, C., & Burgoon, J. K. (2003). Toward a more robust theory and measure of social presence: Review and suggested criteria. *Presence: Teleoperators & Virtual Environments*, 12(5), 456-480.

13. Descartes, R. (1984). *The Philosophical Writings of Descartes*, Volume 2. Cambridge University Press.

14. Ruby, J. G., Smith, M., & Buffenstein, R. (2018). Naked mole-rat mortality rates defy Gompertzian laws by not increasing with age. *eLife*, 7, e31157.

15. Kurzweil, R. (2005). *The Singularity Is Near: When Humans Transcend Biology*. New York: Viking. xvii, 652.

16. OrganDonor.gov. (2022). Organ Transplantation Statistics.

17. Lewis, D. K. (1986). *On the Plurality of Worlds* (Vol. 322). Oxford: Blackwell.

18. Butler, R. N. (2008). *The Longevity Revolution: The Benefits and Challenges of Living a Long Life*. PublicAffairs.

19. Baumeister, R. F. (1991). *Meanings of Life*. Guilford Press.

20. Layard, R. (2011). *Happiness 2/e: Lessons from a New Science*. Penguin UK.

21. Pinker, S. (2018). *Enlightenment Now: The Case for Reason, Science, Humanism, and Progress*. Penguin UK.

22. Scott, J. C. (2017). *Against the Grain: A Deep History of the Earliest States*. Yale University Press.

23. Hobsbawm, E. (2010). *Age of Revolution: 1789-1848*. Hachette UK.

24. Veenhoven, R. (2004). World database of happiness: Continuous register of research on subjective appreciation of life. *Challenges for Quality of Life in the Contemporary World: Advances in Quality-of-*

life Studies, Theory and Research, 75-89; Ryan, R. M., & Deci, E. L. (2017). *Self-determination Theory: Basic Psychological Needs in Motivation, Development, and Wellness. Self-determination Theory: Basic Psychological Needs in Motivation, Development, and Wellness.* Guilford Publications.

25. 가완디, 아툴 (2015). 《어떻게 죽을 것인가》. 김희정 역. 부키.

26. Sunstein, C. R. (1996). Social norms and social roles. *Columbia Law Review*, 96(4), 903–968.

27. Wilkinson, R., & Pickett, K. (2011). *The Spirit Level: Why Greater Equality Makes Societies Stronger.* Bloomsbury Publishing USA.

28. Crawford, K. (2016). Can an algorithm be agonistic? Ten scenes from life in calculated publics. *Science, Technology, & Human Values*, 41(1), 77-92.

29. Gordon, G. G. (1970). Chimpanzees: Self-recognition. *Science*, 167(3914), 86-87.

30. Mori, M., MacDorman, K. F., & Kageki, N. (2012). The uncanny valley [from the field]. *IEEE Robotics & Automation Magazine*, 19(2), 98-100.

31. Shettleworth, S. J. (2010). *Cognition, Evolution, and Behavior.* Oxford Univ.

32. Pepperberg, I. M. (2002). *The Alex Studies: Cognitive and*

Communicative Abilities of Grey Parrots. Harvard University Press.

33. Hsu, F. H. (2002). *Behind Deep Blue: Building the Computer That Defeated the World Chess Champion*. Princeton University Press.

34. Topol, E. J. (2019). High-performance medicine: The convergence of human and artificial intelligence. *Nature Medicine*, 25(1), 44-56; Cope, B., & Kalantzis, M. (2016). Big data comes to school: Implications for learning, assessment, and research. *AERA Open*, 2(2), 2332858416641907; Jenik, I. (2019). How AI is changing the entertainment industry. *Forbes*.

35. Floridi, L., Cowls, J., Beltrametti, M., Chatila, R., Chazerand, P., Dignum, V., ... & Vayena, E. (2018). AI4People — an ethical framework for a good AI society: Opportunities, risks, principles, and recommendations. *Minds and Machines*, 28, 689-707.

36. Organización Nacional de Trasplantes. (2021). Memoria 2020.

37. Lutz, W., Sanderson, W. C., & Scherbov, S. (2004). *The End of World Population Growth in the 21st Century: New Challenges for Human Capital Formation and Sustainable Development* (Earthscan, Sterling, VA). International Institute for Applied Systems Analysis. Earthscan, London UK.

38. Okun, M. A., Yeung, E. W., & Brown, S. (2013). Volunteering by older adults and risk of mortality: A meta-analysis. *Psychology and Aging*, 28(2), 564.

39. Ellison, C. G., Boardman, J. D., Williams, D. R., & Jackson, J. S. (2001). Religious involvement, stress, and mental health: Findings from the 1995 Detroit Area Study. Social Forces, 80(1), 215-249; Krause, N. (2003). Religious meaning and subjective well-being in late life. *The Journals of Gerontology Series B: Psychological Sciences and Social Sciences*, 58(3), S160-S170.

40. 진중권 (2005). 《놀이와 예술 그리고 상상력》. 휴머니스트.

41. Hopkins, A. A. (2013). *Magic: Stage Illusions, Special Effects, and Trick Photography.* Courier Corporation

42. Dawkins, R. (2016). *The Extended Phenotype: The Long Reach of the Gene.* Oxford University Press.

43. Park, J. S., O'Brien, J. C., Cai, C. J., Morris, M. R., Liang, P., & Bernstein, M. S. (2023). Generative agents: Interactive simulacra of human behavior. arXiv:2304.03442v1.

44. 김상균 (2021). 《게임 인류》. 몽스북.

45. Barrett, J. L. (2004). Why would anyone believe in God?. AltaMira Press, a division of Rowman & Littlefield; Guhin, J. (2013). Religion in Human Evolution: From the Paleolithic to the Axial Age.

46. Eliade, M. (1959). *The Sacred and the Profane: The Nature of Religion* (Vol. 81). Houghton Mifflin Harcourt.

第二部分　內心將產生變化

1. Damasio, A. (2010). *The Self Comes to Mind*. Constructing the Conscious Brain.

2. Solomon, R. C. (2007). *Not Passion's Slave: Emotions and Choice*. Oxford University Press.

3. 아리스토텔레스 (2015).《니코마코스 윤리학》. 조대웅 역 . 돋을새김 .

4. 다이아몬드 , 재레드 (2005).《총 , 균 , 쇠》. 김진준 역 . 학 사 상 ; Hobsbawm, E. J., & Wrigley, C. (1999). *Industry and Empire: From 1750 to the Present Day*. The New Press.

5. 베블런 , 소스타인 (2018).《유한계급론》. 이종인 역 . 현대지성 .

6. Buss, D. M. (2019). *Evolutionary Psychology: The New Science of the Mind*. Routledge.

7. Fisher, H. E., Aron, A., & Brown, L. L. (2006). Romantic love: A mammalian brain system for mate choice. *Philosophical Transactions of the Royal Society of London. Series B, Biological Sciences*, 361(1476), 2173–2186.

8. Fisher, H. (2004). *Why We Love: The Nature and Chemistry of Romantic Love*.

9. Reiss, S. (2000). *Who Am I: The 16 Basic Desires That Motivate Our Actions and Define Our Personalities*, New York: Tarcher/

Putnam.

10. Talevich, J. R., Read, S. J., Walsh, D. A., Iyer, R., & Chopra, G. (2017). Toward a comprehensive taxonomy of human motives. PloS one, 12(2), e0172279.

11. Pine, B. J., & Gilmore, J. H. (1998), Welcome to the experience economy. *Harvard Business Review*; Pine, B. J., & Gilmore, J. H. (1999). *The Experience Economy: Work Is Theater & Every Business a Stage (1st ed.).* USA: Harvard Business School Press.

12. Immerse UK (2022). 2022 immersive economy report. Immerse UK.

13. Bostrom, N. (2014). *Superintelligence: Paths*, Dangers, Strategies.

14. Abdi, S., Witte, L. D., & Hawley, M. (2021). Exploring the potential of emerging technologies to meet the care and support needs of older people: a delphi survey. *Geriatrics*, 6(1), 19.

15. Lucero, A., Karapanos, E., Arrasvuori, J., & Korhonen, H. (2014). Playful or gameful? Creating delightful user experiences. *Interactions*, 21(3), 34-39.

16. Mehling, W. E., Wrubel, J., Daubenmier, J. J., Price, C. J., Kerr, C. E., Silow, T., ... & Stewart, A. L. (2011). Body awareness: A phenomenological inquiry into the common ground of mind-body therapies. *Philosophy, Ethics, and Humanities in Medicine*, 6(1), 1-12.

17. Hochberg, L. R., Bacher, D., Jarosiewicz, B., Masse, N. Y., Simeral, J. D., Vogel, J., ... & Donoghue, J. P. (2012). Reach and grasp by people with tetraplegia using a neurally controlled robotic arm. *Nature*, 485(7398), 372-375.

18. Goldstein, E. B. (2014). *Cognitive Psychology: Connecting Mind, Research and Everyday Experience*. Cengage Learning.

19. Madary, M., & Metzinger, T. K. (2016). Real virtuality: A code of ethical conduct. Recommendations for good scientific practice and the consumers of VR-technology. *Frontiers in Robotics and AI*, 3.

20. Simeon, D. (2004). Depersonalisation disorder: a contemporary overview. *CNS Drugs*, 18, 343-354.

21. Spadafino, E. (2021). *The Negative Effects of Technology on Children*. Sacred Heart University.

22. Frijda, N. H. (1986). The Emotions. Cambridge University Press.

23. Phan, K. L., Wager, T., Taylor, S. F., & Liberzon, I. (2002). Functional neuroanatomy of emotion: A meta-analysis of emotion activation studies in PET and fMRI. *Neuroimage*, 16(2), 331-348.

24. Cowen, A. S., & Keltner, D. (2017). Self-report captures 27 distinct categories of emotion bridged by continuous gradients. *Proceedings of the National Academy of Sciences*, 114(38), E7900-E7909.

25. Fredrickson, B. L. (2001). The role of positive emotions in positive

psychology: The broaden-and-build theory of positive emotions. *American Psychologist*, 56(3), 218.

26. Keltner, D., & Haidt, J. (1999). Social functions of emotions at four levels of analysis. *Cognition & Emotion*, 13(5), 505-521.

27. Rizzolatti, G., & Craighero, L. (2005). Mirror neuron: A neurological approach to empathy. In *Neurobiology of Human Values*. (pp. 107-123). Springer Berlin Heidelberg.

28. Jiang, S., Li, Z., Zhou, P., & Li, M. (2019). Memento: An emotion-driven lifelogging system with wearables. *ACM Transactions on Sensor Networks (TOSN)*, 15(1), 1-23.

29. 리프킨, 제러미 (2010). 《공감의 시대》. 이경남 역. 민음사.

30. Solomon, R. C. (2007). *Not Passion's Slave: Emotions and Choice*. Oxford University Press.

31. Damasio, A. (2021). *Feeling & Knowing: Making Minds Conscious*. Pantheon.

第三部分　關係將產生變化

1. Flinn, M. V., Quinlan, R. J., Coe, K., & Ward, C. V. (2007). Evolution of the human family: Cooperative males, long social childhoods, smart mothers, and extended kin networks.

2. Stevenson, B., & Wolfers, J. (2007). Marriage and divorce:

Changes and their driving forces. *Journal of Economic Perspectives*, 21(2), 27-52.

3. Polanyi, K. (2001). The Great Transformation: *The Political and Economic Origins of Our Time*. Beacon Press.

4. Daily, M., Oulasvirta, A., & Rekimoto, J. (2017). Technology for human augmentation. *Computer*, 50(2), 12-15.

5. Hofstede, G. H., & Hofstede, G. (2001). *Culture's Consequences: Comparing Values, Behaviors, Institutions and Organizations Across Nations*. sage.

6. Triandis, H. C. (1982). Review of culture's consequences: International differences in workrelated values. *Human Organization*, 41(1), 86-90.

7. Durkheim, Emile. (2014). *The Division of Labor in Society*. Simon and Schuster.

8. Maslach, C., Schaufeli, W. B., & Leiter, M. P. (2001). Job burnout. *Annual Review of Psychology*, 52(1), 397-422.

9. Engel, D., Woolley, A. W., Jing, L. X., Chabris, C. F., & Malone, T. W. (2014). Reading the mind in the eyes or reading between the lines? Theory of mind predicts collective intelligence equally well online and face-to-face. PloS one, 9(12), e115212.

10. Manyika, J., Lund, S., Chui, M., Bughin, J., Woetzel, J., Batra, P., ... & Sanghvi, S. (2017). Jobs lost, jobs gained: What the future of

work will mean for jobs, skills, and wages.

11. Mintz, S. (2004). Huck's Raft: *A History of American Childhood.* Harvard University Press.

12. Selkie, E. M., Benson, M., & Moreno, M. (2011). Adolescents' views regarding uses of social networking websites and text messaging for adolescent sexual health education. *American Journal of Health Education,* 42(4), 205-212; Ghaddar, S. F., Valerio, M. A., Garcia, C. M., & Hansen, L. (2012). Adolescent health literacy: The importance of credible sources for online health information. *Journal of School Health,* 82(1), 28-36.

13. Turing, A. M. (1950). Computing Machinery and Intelligence in "Mind" 59 (236) 433–460. Cerca con Google

14. Tao, F., Cheng, J., Qi, Q., Zhang, M., Zhang, H., & Sui, F. (2018). Digital twin-driven product design, manufacturing and service with big data. *The International Journal of Advanced Manufacturing Technology,* 94, 3563-3576.

15. Abeltino, A., Bianchetti, G., Serantoni, C., Ardito, C. F., Malta, D., De Spirito, M., & Maulucci, G. (2022). Personalized metabolic avatar: A data driven model of metabolism for weight variation forecasting and diet plan evaluation. *Nutrients,* 14(17), 3520.

16. Minsky, M. (1991). Conscious Machines. Machinery of Consciousness. Proceedings, National Research Council of

Canada, 75th Anniversary Symposium on Science in Society. Accessed on: December, 5, 2019.

17. Sandberg, A. (2014). Ethics of brain emulations. *Journal of Experimental & Theoretical Artificial Intelligence*, 26(3), 439-457.

18. Bancroft, T. D. (2013). Ethical aspects of computational neuroscience. *Neuroethics*, 6(2), 415-418.

19. Sharot, T. (2011). The optimism bias. *Current Biology*, 21(23), R941-R945.

20. Campbell, J. (2008). *The Hero with a Thousand Faces (Vol. 17)*. New World Library.

21. 매클루언, 허버트 마셜 (2011). 《미디어의 이해 : 인간의 확장》. 김상호 역 . 커뮤니케이션북스 .

22. Cikara, M., Botvinick, M. M., & Fiske, S. T. (2011). Us versus them: Social identity shapes neural responses to intergroup competition and harm. *Psychological Science*, 22(3), 306-313.

第四部分　行為將產生變化

1. Eisenstein, E. L. (1980). *The Printing Press as an Agent of Change (Vol. 1)*. Cambridge University Press.

2. 투안 , 이 － 푸 (2020). 《공간과 장소》. 김미선 역 . 사이 .

3. Fleming, S. (2018). In this Tokyo cafe, the waiters are robots operated remotely by people with disabilities. World Economic

Forum; Steen, E. (2021). Nihonbashi's newly opened Dawn Avatar Robot Café is looking to create a barrier-free and inclusive Tokyo. TimeOut.

4. Nikkei staff writers. (2021). FamilyMart preps 1,000 unmanned stores in Japan by 2024. Nikkei Asia; Savov, V. & Glass, M. (2022). Robot arms are replacing shelf stockers in Japan's stores. Bloomberg.

5. Eaket, C. (2008). Project [murmur] and the Performativity of Space. *Theatre Research in Canada*, 29(1), 29-50.

6. 투안, 이－푸 (2011). 《토포필리아》. 이옥진 역. 에코리브르.

7. Popper, K. R., Eccles, J. C., & Eccles, J. C. (1977). *The Self and Its Brain* (p. 595). Berlin Springer International.

8. Propen, A. D. (2006). Critical GPS: Toward a new politics of location. *ACME: An International E-Journal for Critical Geographies*, 4(1), 131.

9. Kabudi, T., Pappas, I., & Olsen, D. H. (2021). AI-enabled adaptive learning systems: A systematic mapping of the literature. *Computers and Education: Artificial Intelligence*, 2, 100017.

10. 상균 (2019). 《가르치지 말고 플레이하라》. 플랜비디자인.

11. International Labour Organization. (2017). Global estimates of child labour: Results and trends, 2012-2016.

12. Alvaredo, F., Chancel, L., Piketty, T., Saez, E., & Zucman, G. (2018). World Inequality Report 2018. World Inequality Lab.

13. David, G. (2018). *Bullshit Jobs: A Theory*. Simon & Schuster.

14. 카너먼, 대니얼 (2018). 《생각에 관한 생각》. 이창신 역. 김영사.

15. Dissanayake, E. (1995). *Homo Aestheticus: Where Art Comes From and Why*.

16. Scruton, R. (2011). *Beauty: A Very Short Introduction*. Oxford University Press.

結語

1. 모토무라 료지 (2020). 《세계사를 결정짓는 7 가지 힘》. 서수지 역. 사람과나무사이.

2. Henry, J., Benedict, R., & Kraus, H. F. (1941). Jungle people: a Kaingang tribe of the highlands of Brazil.

3. Mikhail, J. (2007). *Moral Cognition and Computational Theory*. Georgetown Law Faculty Working Papers.

4. 포스트먼, 닐 (2020). 《죽도록 즐기기》. 홍윤선 역. 굿인 포메이션.

5. Roser, M. (2022). If we manage to avoid a large catastrophe, we are living at the early beginnings of human. Our World in Data

高寶書版集團
gobooks.com.tw

RI 381

AI × 人類演化未來報告書：從智人升級為超人類的我們，如何適應人機共生時代的社會與生活？
초인류：AI 와 함께 인공 진화에 접어든 인류의 미래

作　　　者	金相均 김상균
譯　　　者	金學民
責任編輯	林子鈺
封面設計	林政嘉
內頁排版	賴姵均
企　　　劃	鍾惠鈞

發 行 人	朱凱蕾
出　　　版	英屬維京群島商高寶國際有限公司台灣分公司 Global Group Holdings, Ltd.
地　　　址	台北市內湖區洲子街 88 號 3 樓
網　　　址	gobooks.com.tw
電　　　話	（02）27992788
電　　　郵	readers@gobooks.com.tw（讀者服務部）
傳　　　真	出版部（02）27990909　行銷部（02）27993088
郵政劃撥	19394552
戶　　　名	英屬維京群島商高寶國際有限公司台灣分公司
發　　　行	英屬維京群島商高寶國際有限公司台灣分公司
初版日期	2024 年 02 月

國家圖書館出版品預行編目（CIP）資料

AI × 人類演化未來報告書：從智人升級為超人類的我們，
如何適應人機共生時代的社會與生活？/ 金相均著；金學
民譯 . -- 初版 . -- 臺北市：英屬維京群島商高寶國際有限公
司臺灣分公司, 2024.02
　　面；　　　公分 .--（致富館；RI 381）

譯自：초인류 AI 와 함께 인공 진화에 접어든 인류의 미래

ISBN 978-986-506-907-0（平裝）

1.CST: 人工智慧　2.CST: 資訊社會　3.CST: 未來社會

541.49　　　　　　　　　　　　　113000558